ARGLWYDD DYSG I NI WEDDÏO

Ysgrifau ar Weddi gan

John Rice Rowlands
Gareth Lloyd Jones
Owen E Evans
John Gwilym Jones
John P Treharne
Elfed ap Nefydd Roberts

D. Densil Morgan (gol)

Cyfres y Coleg Gwyn 1
1997

CYHOEDDIADAU'R GAIR

Y COLEG GWYN

ⓑ Cyhoeddiadau'r Gair 1997

Golygydd: D. Densil Morgan
Cyfranwyr: Owen E. Evans, Gareth Lloyd Jones, John Gwilym Jones,
D.Densil Morgan, Elfed ap Nefydd Roberts, John Rice Rowlands,
John P. Treharne.
Dymuna'r cyhoeddwyr gydnabod cymorth Adran Olygyddol
Cyngor Llyfrau Cymru.

ISBN 1 85994 130 3
Argraffwyd yng Nghymru.
Cedwir pob hawl. Ni chaniateir copïo unrhyw ran o'r deunydd hwn mewn
unrhyw ffordd oni cheir caniatâd y cyhoeddwyr.

Cyhoeddwyd gan:
Cyhoeddiadau'r Gair,
Cyngor Ysgolion Sul Cymru,
Ysgol Addysg, PCB, Safle'r Fenai,
Bangor, Gwynedd, LL57 2PX.

CYNNWYS

Pennod 1: Cyffes, Ymbil a Mawl John Rice Rowlands	5
Pennod 2: Gweddi yn yr Hen Destament Gareth Lloyd Jones	13
Pennod 3: Gweddi yn y Testament Newydd Owen E. Evans	25
Pennod 4: Gweddi ac Eiriolaeth Crist D. Densil Morgan	35
Pennod 5: Y Weddi Gyhoeddus John Gwilym Jones	43
Pennod 6: Y Weddi Ddirgel John P. Treharne	54
Pennod 7: Y Gelfyddyd o Weddïo Elfed ap Nefydd Roberts	60

RHAGAIR

Ffrwyth cyfres o Ysgolion Sadwrn a gynhaliwyd yn y Coleg Gwyn, Coleg y Bedyddwyr, Bangor, yn ystod sesiwn academaidd 1996-7 yw'r ysgrifau sy'n dilyn. Dewiswyd 'gweddi' fel thema, a hynny am fod gweddi'n beth mor ganolog yn y bywyd Cristnogol sydd hefyd, ysywaeth, yn cael ei esgeuluso mor aml gennym. Y prif reswm am yr esgeulustod yw'r anawsterau sydd ynghlwm wrth y gwaith. Teimlwyd felly mai da o beth fyddai cael arweiniad i'r maes ac yr ydym yn ddiolchgar i'r siaradwyr a rannodd mor ddibrin â ni o'u gwybodaeth a'u profiad ar hyd y flwyddyn.

Mae'r penodau canlynol yn hunan-esboniadol. Lluniwyd restr o gwestiynau ar derfyn pob un fel y gallent fod o fudd i gylch trafod neu ddosbarth beiblaidd neu Ysgol Sul. Yr unig bennod sydd rywfaint yn wahanol i'r gweddill o ran cynllun a chynnwys yw'r olaf. Mae'n fwy ymarferol ei naws, yn fath o ganllaw ar gyfer troi'r damcaniaethau yn weithredoedd. Cyflwynwn y cwbl i gynulleidfa ehangach yn y gobaith y bydd o ddefnydd i ddefosiwn personol Cristnogion unigol neu o fudd i addoli cyhoeddus ein eglwysi.

D. Densil Morgan
Y Coleg Gwyn
Tachwedd 1997

Pennod 1
Cyffes, Ymbil a Mawl
John Rice Rowlands

Y crediniwr a'r gymdeithas

Cyn dod at yr elfennau hynny mewn gweddi sy'n destun y bennod hon, hoffwn sylwi i ddechrau ar y teitl neu'r thema i'r casglaid hwn o ysgrifau, sef 'Arglwydd, dysg i mi weddïo'.

Daw'r geiriau, wrth gwrs, o emyn R.S.Rogers ar weddi (*Y Llawlyfr Moliant Newydd* 469). Dyma'r llinell gyntaf. Adlais o'r Ysgrythur sydd yn y llinell; mae hynny'n beth arferol iawn oherwydd fedrwn ni ddim dirnad na deall ein hemynau'n iawn heb adnabod y Beibl. Y mae gwreiddiau'r llinell hon yn Efengyl Luc 11:1:

> A bu, ac efe mewn rhyw fan yn gweddïo, pan beidiodd, ddywedyd o un o'i ddisgyblion wrtho, Arglwydd, dysg i ni weddïo megis ag y dysgodd ioan i'w ddisgyblion. (*Y Beibl Cymraeg*)

Mewn gwirionedd, nid oes ronyn o wahaniaeth yn y pum gair a adleisir pan drown i'r *Beibl Cymraeg Newydd*:

> Arglwydd, dysg i ni weddïo fel y dysgodd ioan yntau i'w ddisgyblion ef.

Ond y mae un gair o wahaniaeth rhwng emyn Rogers a'r geiriau gan Luc: 'i *mi*' meddai'r emyn; 'i *ni*' meddai Efengyl Luc, er mai 'un o'i ddisgyblion' sy'n gwneud y cais. Mae'r gwahaniaeth hwn yn werth sylwi arno i beri i ni ofyn beth ydyw gweddi, ai rhywbeth *personol* i bob un trosto'i hun, ynteu rhywbeth i *gymdeithas* o bobl? Ai mater i'r Cristion unigol neu fater i'r eglwys ydyw gweddïo ?

Yr ateb Cristnogol, 'rwy'n sicr, ydyw y *ddau* beth. Y mae'n rhaid i weddi fod yn bersonol, yn golygu rhywbeth *i mi*, iddi fod yn weddi mewn gwirionedd, ond gweddïo mewn cymdeithas, gyda'r eglwys, gyda disgyblion Iesu a theulu Duw y mae Cristnogion. Hyd yn oed pan fyddwn yn yr ystafell ddirgel, gwarant i ddweud *ein Tad,* deisyf am *ein* bara a maddeuant am *ein* pechodau a gawsom ni.

Fynnwn i ddim am funud fod mor bedantig â gwahardd ambell weddi a llawer emyn lle defnyddiwn ni '*Fy* Nhad' (e.e. Moelwyn 'Fy Nhad o'r nef, O gwrando 'nghri'). Fynnwn i ddim gwadu nad oes yn ein defosiwn personol ni weddïau sy'n wirioneddol bersonol, ond rhaid i ni ofalu bod pob *fy* o'n heiddo ni yn gysylltiedig â'r *ein.* Dim ond Iesu Grist fedrai ddefnyddio'r geiriau 'fy Nhad' mewn ffordd gwbl unigryw: 'Fy Nhad', 'Abba! Dad!', 'O Dad' sydd yn y weddi yn Gethsemane, neu ar Fynydd yr Olewydd, yn y tair Efengyl gyntaf yn y *B.C.N.* Trwy'r Un sy'n Fab mewn ystyr unigryw, yn enw Iesu Grist, y mae modd i bawb arall ddod at y Tad Nefol mewn gweddi.

Yn sylfaenol, gweddïo fel aelodau o gymdeithas, o bobl yr Arglwydd, yr ydym bob amser - er bod adegau pan wnawn hynny mewn ffordd sy'n ymwneud â ni ein hunain mewn modd neilltuol. Fe fu lle bob amser yn nefosiwn y Cristion i addoliad cyhoeddus a gweddïau'r gynulleidfa neu'r gymdeithas, *a* defosiwn pob un yn y dirgel. 'Dos i'th ystafell, ac wedi cau dy ddrws, gweddïa ar dy Dad yr hwn sydd yn y dirgel, a'th Dad yr hwn a wêl yn y dirgel a dâl i ti yn yr amlwg' (Mathew 6.6)'... a bydd dy Dad sy'n gweld yn y dirgel yn dy wobrwyo' (*B.C.N.*). '*Dy* Dad', meddai Iesu yma, ac fel hyn y mae deall geiriad R.S.Rogers oherwydd er canu'r emyn yn gyhoeddus, canolbwyntio ar ddefosiwn yr 'ystafell ddirgel' y mae.

Mewn defosiwn ac addoliad Cristnogol y mae'r cyhoeddus a'r dirgel wedi eu gwau i'w gilydd. Maent yn elfennau anhepgor yn yr un patrwm o addoli Duw. Meddai W.D.Maxwell o Eglwys yr Alban: 'Ni all addoliad cyhoeddus na'r weddi ddirgel fod ar eu pennau eu hunain. Mae'r naill yn rhagdybio ac yn gwneud y llall yn gyflawn. Gyda'i gilydd y rhydd gweddïo personol a chyfun brofiad cyflawn o addoliad Cristnogol' (*Concerning Worship*, 1948, t.12).

Yn y patrwm cyflawn o weddïo, y dirgel a'r cyhoeddus, eiddo'r gymdeithas Gristnogol sy'n cynnwys pob gweddïwr unigol, ac mae *cyffes*, *ymbil* a *mawl* ymhlith prif elfennau'n haddoliad a'n hymwneud â Duw.

Cyffes

Yng nghyswllt addoliad y mae i gyffes, a'r profiad o gyffesu, ddwy wedd sy'n wahanol, ac eto mewn rhyw fodd yn perthyn i'w gilydd.

Mewn perthynas â Duw mae cyffes a chyffesu yn golygu cydnabod ei fod, ein perthynas ninnau ag ef, a'n galwad i'w addoli a'i wasanaethu yn ein bywyd. Y mae 1 Timotheus 6:12 yn sôn am y gŵr ifanc hwnnw'n 'gwneud cyffes lew o'r ffydd o flaen tystion lawer'. Cyffesu'r pethau sy'n bod ac yn wir a wna. Mae cyffesu yn y Testament Newydd yn golygu cydnabod bod rhywbeth, ac yna tyfodd yr ystyr o gyffesu neu broffesu ffydd. Sonia Paul yn y Rhufeiniaid am yr hyn a bregethir, 'gair ffydd', ac yna'i gredu a'i broffesu: 'Os cyffesi Iesu yn Arglwydd â'th enau, a chredu yn dy galon fod DUW wedi ei gyfodi ef oddi wrth y meirw, cei dy achub'. Wrth gael ei fedyddio y ceid gan Gristion y gyffes neu'r broffes gyhoeddus gynharaf.

Mae cyffes felly yn cael ei mynegi mewn addoliad, a chydnabod bod Duw a chyffesu Crist sy'n fan cychwyn unrhyw weddi. Fyddem ni ddim yn gweddïo oni bai ein bod yn credu a chydnabod bod Duw, nac yn gwneud hynny 'yn enw Iesu Grist' oni bai ein bod yn cyffesu. O'n hochr ni, felly, dyma fan cychwyn gweddïo.

Ac y mae gweddïo yn golygu dal ein hunain yng ngoleuni cymeriad Duw a'i ras, a'i alwad arnom ninnau; mae'n golygu dal ein bywyd yng ngoleuni Iesu Grist ac y mae hynny'n arwain at yr ystyr arall i gyffesu: cyffesu ein hannheilyngdod, cyffesu ein methiant i gyrraedd nod Duw ar ein cyfer, neu gyffesu ein pechod a gofyn am faddeuant.

Nid wyf am bentyrru enghreifftiau, dim ond eich atgoffa o fodolaeth ac arwyddocad hyn ym mherthynas pobl â Duw a Christ. Meddai Iesu am un o'r ddau hynny yn y ddameg (Luc 18:13) a aeth i'r deml i weddïo, ei fod yn sefyll ymhell i ffwrdd heb geisio cymaint â chodi ei lygad tua'r nef; yr oedd yn curo ei fron gan ddweud, 'O Dduw, bydd drugarog wrthyf fi bechadur'. Mae'n debyg bod ailadrodd mynych y geiriau hyn yn rhan o ddefosiwn cyson mynaich yn eglwysi'r Dwyrain. Nid ydynt yn ddieithr i weddïau capelwyr Anghydffurfiol ychwaith, a dyma symbyliad emyn Thomas Williams, Bethesda'r Fro, 'O'th flaen, O Dduw, rwy'n dyfod' (*Ll.M.N.* 305). 'Gweddi Pechadur' yw enw unawd Morfydd Llwyn Owen, ond rhagorach wedyn yw pennawd y *Llawlyfr Moliant*, 'Pechadur Edifeiriol', oherwydd nid ymgolli mewn hunan-gyhuddo a ffieidd-dod obsesiynol yw cyffesu pechod i Gristion ond wynebu ar Dduw yn edifeiriol a gobeithiol. Mae geiriau Richard Baxter yn rhoi pwys ar chwilio'r galon, ond bod angen i hynny ein cyfeirio at rywbeth uwch :'... *though I am greatly convinced of the need of heart acquaintance and employment, yet I see more need of a higher work, and that I should look oftener upon Christ and God and heaven, than upon my own heart'.*

Pan ddatblygodd addoliad Cristnogol, roedd y gynulleidfa'n gyson yn mynegi eu cyffes a'u hedifeirwch mewn gweddi gyhoeddus. Ac roedd yr addoliad cyhoeddus yn cyhoeddi maddeuant i bobl edifeiriol a galwad i gyfle a bywyd newydd. Mae'n dda inni gofio bod cyhoeddi a derbyn maddeuant yn rhywbeth amlwg iawn yn Efengyl y Testament Newydd. Dyma ffordd Duw o ddelio ag euogrwydd gwirioneddol mewn modd sy'n adeiladol a iach. Mae'r weddi edifeiriol mewn ffydd yng nghariad a gras adnewyddol Duw yn bwysig bob amser yn addoliad cynulleidfa a defosiwn yr unigolyn.

Ymbil

Yma eto, mae sail i ymbil fel rhan o'n gweddïo i'w gael yn y Testament Newydd, ac yn addoliad a defosiwn personol Cristnogion trwy'r oesau.

Mae'n ymwneud â'r maes hwnnw mewn gweddi lle cofiwn ein hanghenion ein hunain ac eiddo pobl eraill gerbron Duw. O fewn y maes hwn o ddeisyf ar Dduw fe ellir rhannu'n ddwy wedd, er eu bod hwy'n llifo a thoddi i'w gilydd lawer pryd. Yn Saesneg sonnir am *petition* ac *intercession*; gall y naill gynnwys ein hanghenion ni ac eraill, tra bod y llall yn benodol yn cofio am bobl eraill. 'Wn i ddim ai *deisyf* ac *eiriol* fyddai'r union eiriau cyfatebol yn Gymraeg. O bosibl bod ymbil yn rhan o'r ddau beth, oherwydd mae rhyw daerineb o gwmpas ei ystyr - geiriau cysylltiedig fyddai *erfyn, pledio, apelio*.

Mae'r anogaeth glasur i gofio pobl eraill gerbron Duw yng

ngeiriau Paul yn 1 Timotheus 2:1:

> ... yr wyf yn annog bod ymbiliau, gweddïau, deisyfiadau a diolchiadau yn cael eu hoffrymu dros bob dyn, dros frenhinoedd a phawb sydd mewn awdurdod, inni gael byw ein bywyd yn dawel a heddychlon, yn llawn duwioldeb a gwedduster.

Ac roedd Paul yn gyson yn rhoi pwys ar weddïo trosom ein gilydd. ' ... yr wyf yn gwneuthur coffa parhaus amdanoch yn fy ngweddiau...', 'O frodyr, gweddïwch trosof ...' A dyna'r arfer yn yr Eglwys Gristnogol, yn gyhoeddus, ac yn y dirgel. Mae'r litani, er enghraifft, yn hen, hen ffurf o weddïo, yn neilltuol yn eglwysi'r Dwyrain, ac yn cynnwys pob math o bobl, erfyniau tros y rhai sy'n deisyf a thros eraill, ac am bob math o bethau sy'n diogelu'r saint ac yn hyrwyddo bywyd cymdeithas yn gyffredinol. Diddorol yw sylw W.D.Maxwell am darddiad y ffurf hwn o wasanaeth: 'Yn gwbl eglur, ffurf *rydd* ar weddi oedd hon yn y cyfnod cynnar, yn caniatáu cryn hyblygrwydd ac amrywiaeth yn ei deisyfiadau, a gall fod felly heddiw' (*Concerning Worship,* t.124).

Mae'n siwr gen i fod y rhan fwyaf ohonom weithiau wedi gofyn ambell gwestiwn go ddwys am ystyr ac amcan y wedd hon ar weddïo. Mae cof gen i am frawd unplyg a digon cywir, a ddaethai tan ddylanwad R.B.Jones adeg Diwygiad '04-'05, a ddaeth i gredu cyn diwedd ei oes nad oedd Duw'n ateb ei weddïau. Parhai'n ffyddlon yn y bregeth, ond bellach ni ddeuai i gwrdd gweddi. Y cwbl y byddwn i am ei awgrymu yw, er fy mod i erioed wedi credu fod angen inni wrth weddïo ymarfer dealltwriaeth, ein bod ni hefyd yn ymwneud â rhywbeth sydd ymhell y tu draw i'n dealltwriaeth ni. Ar adegeu mae'n rhaid inni ymbil lle nad ydym yn gweld nac yn deall. Nid ein hymbil ni, does bosibl, sy'n mynd i newid Duw yn ei fwriadau sy'n ddaioni a chariad, ond mae'n ein cyflwyno ni ac eraill mewn ymddiriedaeth i'w gariad. Onid un amcan i weddi yw'n newid *ni* a'n dwyn i gytgord ag amcanion daionus Duw ?

Mawl

Gyda'r drydedd elfen mewn gweddi sydd yn ein testun, sef mawl, fe ddeuwn at benllanw pob addoliad Cristnogol a beiblaidd. Dyna ydyw mawl, cydnabod Duw ei hun am yr hyn ydyw - clodfori a chyhoeddi ei gymeriad. 'Peidiwch, a gwybyddwch mai myfi sydd Dduw' meddai'r Salm honno sydd i'w chysylltu ag addoliad y deml gynt ac yn gyfrwng iddo (46:10). Ac eto, yn y *Beibl Cymraeg Newydd*: 'Ymlonyddwch, a dysgwch mai myfi sydd Dduw'. Cydnabod Duw am ei fod yn greawdwr a rhoddwr bywyd, yn iachawdwr a gwaredwr yn Iesu Grist, ac yn obaith ei bobl - dyna yw moliant Cristnogol. Un o bennaf geiriau y moliant hwnnw yw 'teilwng'. Beth bynnag sy'n dywyll inni yn llyfr Datguddiad, mae'r adrannau lle ceir syndod, addoliad a moliant yn olau. Darllenwch benodau 4 a 5, er enghraifft.

Gan ein bod wedi cychwyn gydag Efengyl Luc, cystal inni ddod yn ôl at ddechrau pennod 11 cyn gorffen. Ateb Iesu Grist i'r disgyblion oedd am iddo'u dysgu i weddïo oedd 'Gweddi'r Arglwydd' - cymhwysach fyddai ei galw'n 'Weddi'r Disgyblion' efallai. Bu dadlau digon diffuant ai gweddi i'w hadrodd yw, ynteu patrwm i weddïwyr. Y ddau beth, ddywedwn i. Ac yn y weddi honno, moliant yw'r deisyfiad cyntaf: '... sancteiddier dy enw...'. Yn Efengyl Mathew ychwanegwyd geiriau diweddarach ar ddiwedd y weddi. Wrth wneud hynny roedd greddf yr eglwys gynnar yn un dra sicr. Mae popeth yn dechrau a gorffen mewn mawl: 'Canys eiddot ti yw'r deyrnas, a'r gallu, a'r gogoniant, yn oes oesoedd. Amen'.

Pynciau Trafod

1. Trafodwch y berthynas rhwng y personol a'r cymdeithasol mewn gweddi

2. 'Man cychwyn pob gweddi yw cyffes'. Trafodwch

3. Ystyriwch effeithiolrwydd a gwerth gweddïo dros eraill. A ydych yn credu bod Duw yn ateb y gweddïau hynny ac os felly, sut?

4. Sut y byddwch yn cadw cydbwysedd rhwng amrywiol elfennau gweddi?

Pennod 2
Gweddi yn yr Hen Destament
Gareth Lloyd Jones

Gweddiwyr Israel gynt

Bu'n ffasiynol ar un cyfnod i sôn am gymeriadau mawr yr Hen Destament. Cafodd cenedlaethau o bregethwyr ac athrawon fudd a blas o ddarllen llyfr enwog Fleming James *Personalities of the Old Testament* a gyhoeddwyd gyntaf ym 1939. Y mae diddordeb esbonwyr ac ysgolheigion yn arwyr Israel yn ddealladwy oherwydd dadlennir llawer o hanes y genedl trwy drin unigolion fel Abraham, Moses, Saul ac Esra. Ond a bod yn fanwl, ychydig iawn o ffeithiau sydd gan yr awduron beiblaidd i'w hadrodd am eu harwyr. Beth a wyddom am Aaron, er enghraifft? Prin yw'r manylion am ei gymeriad a'i natur. Ar sail yr hyn a geir yn y Beibl, amhosibl fyddai ysgrifennu bywgraffiad ohono, yn ystyr cyfoes y gair, a chloriannu ei bersonoliaeth a dweud ei hanes. Caiff sylw yn y Beibl am mai ef oedd tad yr offeiriadaeth; hynny, a hynny'n unig, sy'n peri fod ganddo le allweddol yn hanes cynnar Israel. Nid yw manylion ei fywyd o bwys.

Ond y mae un peth o gymorth i ni wrth geisio dadlennu rhai o gymeriadau mawr yr Hen Destament, sef gweddi. Er nad llyfr gweddi yw'r Beibl, y mae'n cynnwys llawer sy'n ymwneud â gweddi. Y mae Llyfr y Salmau, er enghraifft, yn llawn gweddïau i'w canu neu'u hadrodd. Ond ceir mwy o weddïau na hyn yn yr Ysgrythur, ac y mae'r rhan fwyaf ohonynt yn gysylltiedig â phersonau arbennig. Cynnwys y Beibl weddïau arwyr y genedl am fod gweddi'n ffordd o danlinellu pwysigrwydd y sawl sy'n gweddïo i'w gyfnod ei hun ac i gyfnodau diweddarach. Gall yr awduron ddefnyddio gweddi, felly, i ddehongli cymeriad ac i ddangos arwyddocad y cymeriad hwnnw i hanes Israel. Yn naturiol y mae hyn yn peri amheuaeth ynglŷn â dilysrwydd y gweddïau hyn. A ydynt o ddifrif yn perthyn i'r cymeriadau sydd â'u henwau wrthynt, ynteu ffrwyth dychymyg ydynt, sef cyfansoddiadau gan arbenigwyr a roddwyd yng ngenau'r cymeriadau mewn oes ddiweddarach? Dyma ddirgelwch nad oes datrys iddo. Yr unig beth a ellir ei ddweud i sicrwydd yw fod y gweddïau'n gweddu i'r unigolion sy'n eu hadrodd.

Nodweddïon gweddi yn yr Hen Destament

Cyn troi at ddwy enghraifft benodol, rhown sylw brysiog i dri pheth, sef diben, patrwm a chynnwys y gweddïau a geir yn yr Hen Destament, yn enwedig y rhai a gysylltir ag unigolion. Yn gyntaf ystyriwn fwriad yr awdur yn rhoi gweddi ar wefus ei arwr neu arwres. Ochr yn ochr â'r hyn a ddadlennir gan yr archaeolegwr a'r hanesydd, yn ôl awduron y Beibl, y mae i bob cyfnod neu ddigwyddiad ystyr fewnol; y mae iddo ystyr ysbrydol na welir mohono ond trwy lygaid ffydd. Yn union fel y mae'r dramodydd yn defnyddio areithiau ei gymeriadau i egluro cynllun y ddrama, felly y mae'r Beibl yn defnyddio gweddïau y prif gymeriadau i ddangos fel y gall llygad ffydd ganfod pwrpas i fywyd dyn ac i hanes y genedl. Hawdd yw gorbwysleisio ochr ffeithiol yr hanesion beiblaidd trwy ofyn: 'Ai dyna'n union ddigwyddodd?', ac anwybyddu'r neges ysbrydol. Diben y weddi yw rhoi ochr ysbrydol y stori trwy fynegi dyhead neu obaith yr unigolyn. Dengys y weddi sut y mae'r hyn a ddisgrifir yn y stori yn rhan o fwriad rhagluniaethol yr Arglwydd. Dengys sut y mae digwyddiadau arbennig yn cydfynd, ym meddwl yr awdur, â dibenion Duw.

Yn ail sylwn ar batrwm neu siap y gweddïau. i rai credinwyr, yr unig weddi sy'n haeddu'r enw yw gweddi o'r frest. Yn eu barn hwy, y mae anffurfioldeb yn arwydd o ddilysrwydd; y mae diffyg patrwm neu ffurf benodol yn achub y weddi rhag mynd yn ystrydeb. Serch hynny, y mae hyd yn oed i weddi anffurfiol ei phatrwm a'i geirfa, er efallai nad yw'r sawl sy'n gweddïo yn ymwybodol o hynny. Myn eraill fod gweddïau ysgrifenedig, cynnyrch coeth duwiolion y gorffennol, o gymorth mawr iddynt gymuno â Duw. Yn y Beibl ymddengys fod ffurf a phatrwm gweddi o gryn bwys i'r gweddïwr. Yn y Salmau, er enghraifft, rhoddir sylw manwl i'r dull a ddefnyddir i annerch Duw trwy wneud defnydd helaeth o batrymau a phriod-ddulliau. Mewn un ystyr y maent o'r frest; ond mewn ystyr arall y maent yn ffurfiol ac yn dilyn patrwm cydnabyddedig. Y mae'r un ffurfiau i'w canfod mewn gweddïau eraill hefyd; cawn sylwi arnynt yn y man.

Yn olaf nodwn y gwahanol fathau o weddïau gan ystyried eu pwyslais a'u cynnwys:

i. Deisyfiad: Ar un olwg, dyma'r ffurf fwyaf poblogaidd ar weddi yn y byd cyfoes ac yn hen Israel. i lawer iawn yng nghyfnod y Beibl, ac ymhell ar ei ôl, yr ymadrodd 'Gofynnwch a chwi a gewch' yw'r unig un sy'n mynd at galon gweddi. Am fod deisyfiad yn gwbl greiddiol, rhoddir llawer o sylw gan yr awduron beiblaidd i'r dull mwyaf effeithiol o sicrhau fod Duw yn clywed y deisyfiad ac yn ymateb iddo.

A yw Duw yn fwy parod i wrando mewn lle arbennig? Dyna'r awgrym yn Llyfr Daniel, lle y disgrifir yr arwr ym Mabilon yn gweddïo gyda ffenestri ei lofft yn agored i gyfeiriad Jerwsalem, y ddinas sanctaidd. (Parhaodd y syniad o fannau sanctaidd hyd heddiw mewn Cristnogaeth; gofynner i unrhyw bererin.) A yw deisyfiad yn fwy tebygol o gael ei ateb ar gyfnodau penodol? Gellir honni fod o leiaf awgrym o hynny yn y pwyslais a roddir yn yr Hen Destament ar y Saboth a dyddiau gŵyl. A oes tystiolaeth fod yr Israeliad yn credu fod defnyddio patrwm llenyddol cydnabyddedig pan yn gweddïo yn sicrhau y byddai ei weddi'n effeithiol? Y mae astudiaeth o'r Salmau fel ffurf-weddïau a ddefnyddid ar wahanol achlysuron i wneud deisyfiadau'r genedl a'r unigolyn yn hysbys yn awgrymu hynny. A oes angen cyfryngwr i gyflwyno gweddïau pobl eraill gerbron Duw? Diau fod llwyddiant rhai i gael eu dymuniad yn awgrymu y gellid defnyddio, a hyd yn oed gyflogi, pobl o'r fath i leisio deisyfiadau eu cyd-ddynion hefyd.

Wrth gwrs, gall deisyfiad fod yn hunanol. Y mae'r sawl sy'n gofyn am ddim mwy gan Dduw na'i fara beunyddiol yn euog o droi'r dŵr i'w felin ei hun. Rhaid cyplysu deisyfiad gydag eiriol ac ymbil. Y mae ymbilio dros eraill yn peri i ni anghofio ein hanghenion ein hunain a'n gwneud yn ymwybodol o arwyddocad eraill i'n bywyd a'n byd ni. Ceir llawer o ymbil yn yr Hen Destament. Gwelir Moses fel arweinydd yn eiriol dros Israel a Jacob fel tad yn ymbilio dros ei blant.

ii. Cyffes: **Pan ddeuai'r israeliad o flaen Duw gyda'i ddeisyfiadau a'i ymbiliau, yr oedd yn ymwybodol iawn o'i annheilyngdod. O'r herwydd, ceir llawer o eiriau yn y Beibl, megis cyfiawnder, trugaredd, cariad a gras, sy'n cyfeirio at annheilyngdod dyn a graslonrwydd Duw. Nid yw'r awduron beiblaidd yn dechrau gyda'r gred fod y berthynas rhyngddynt a Duw yn un naturiol neu hawdd. i'r gwrthwyneb. Oherwydd pechod dyn, y mae'r berthynas yn un anodd; yr unig beth sy'n ei gwneud yn bosibl yw daioni Duw. Felly dylid rhoi'r lle dyladwy i gyffes.**

iii. Moliant: **Yn union fel y mae ymbil ac eiriolaeth yn ein gwneud yn ymwybodol o eraill o'n cwmpas, y mae mawl a diolch yn agor ein meddyliau i fawredd anchwiliadwy Duw. Yn aml mewn addoliad cyhoeddus rhoddir yr argraff mai rhagymadrodd yw moliant; rhan ddechreuol gweddi cyn symud ymlaen at bethau** mwy difrifol megis cyffes ac eiriolaeth. Ond nid dyna agwedd y Beibl. Yn yr Ysgrythur moliant yw uchafbwynt gweddi. Onid dyna ystyr y gair Hebraeg am y Salmau - *Tehilim* - sef 'moliannau'.

Gweddi Hanna (i Samuel 2:1-10)

'Roedd Hanna yn ddi-blant pan ddaeth gyda'i gŵr ar bererindod flynyddol i Seilo, cartref arch y cyfamod, i ddeisyf ar Dduw am blentyn. Cafodd ei dymuniad, a'r flwyddyn ganlynol dychwelodd i'r cysegrle i dalu diolch.

> Ymfalchiodd fy nghalon yn yr ARGLWYDD,
> dyrchafwyd fy mhen yn yr ARGLWYDD.
> Codaf fy llais yn erbyn fy ngelynion,
> oherwydd 'rwy'n llawenhau yn dy iachawdwriaeth.
> Nid oes sanct fel yr ARGLWYDD,
> ac yn wir nid oes neb heblaw tydi,
> ac nid oes craig fel ein Duw ni.
> Peidiwch ag amlhau geiriau trahaus,
> na gadael gair hy o'ch genau;
> canys Duw sy'n gwybod yw'r ARGLWYDD,
> ac ef sy'n pwyso gweithredoedd.
> Dryllir bwâu y cedyrn,
> ond gwregysir y gwan â nerth.
> Bydd y porthiannus yn gweithio am eu bara,
> ond y newynog yn gorffwyso bellach.
> Planta'r ddi-blant seithwaith,
> ond dihoeni a wna'r aml ei phlant.
> Yr ARGLWYDD sy'n lladd ac yn bywhau,
> yn tynnu i lawr i Sheol ac yn dyrchafu.
> Yr ARGLWYDD sy'n tlodi ac yn cyfoethogi,
> yn darostwng a hefyd yn dyrchafu.

> Y mae'n codi'r gwan o'r llwch
> ac yn dyrchafu'r anghenus o'r domen,
> i'w osod gyda phendefigion
> ac i etifeddu cadair anrhydedd;
> canys eiddo'r ARGLWYDD golofnau'r ddaear,
> ac ef a osododd y byd arnynt.
> Y mae'n gwarchod camre ei ffyddloniaid,
> ond y mae'r drygionus yn tewi mewn tywyllwch;
> canys nid trwy rym y trecha dyn.
> Dryllir y rhai sy'n ymryson â'r ARGLWYDD;
> tarana o'r nef yn eu herbyn.
> Yr ARGLWYDD a farna eithafoedd y ddaear;
> ef a rydd nerth i'w frenin
> a dyrchafu pen ei eneiniog.

Y mae'n amlwg nad deisyfiad nac ymbil yw'r weddi hon; nid yw Hanna yn gofyn i Dduw am ddim iddi hi ei hun nac i neb arall. Yn hytrach gweddi o fawl ydyw sy'n rhoi disgrifiad o natur Duw ac yn adrodd am ei weithredoedd yn y gorffennol. Y mae Hanna'n mynegi ei llawenydd wrth ail-ddarganfod Duw. Serch hynny, dim ond un cymal yn y weddi sy'n berthnasol i sefyllfa Hanna, sef y cyfeiriad yn adnod 5 at y di-blant yn planta seithwaith. Thema'r weddi drwyddi yw fod Duw yn gallu newid pethau; bron na chlywn hynny hyd syrffed. Yn hyn o beth y mae'r cynnwys yn debyg iawn i'r hyn a geir yng Nghân Mair yn Luc 1. Y syniad allweddol yw fod y byd a'r cwbl sydd ynddo yn llaw Duw. i Hanna, amlygwyd y gallu dwyfol sy'n cynnal dynoliaeth yng ngenedigaeth Samuel.

Er mai gweddi Hanna y gelwir yr adnodau hyn, mewn gwirionedd salm sydd gennym yma, ac i fod yn fanwl, salm frenhinol, fel y dengys yr adnod olaf. Y mae'r cyfeiriad at frenin ac eneiniog yn awgrymu fod y gân yn perthyn i gyfnod diweddarach na phlentyndod Samuel, oherwydd gyda Saul y mae'r syniad o'r brenin fel eneiniog Duw yn ymddangos gyntaf. Tybed a gafodd y weddi ei chyfansoddi yn ystod teyrnasiad Dafydd neu Solomon ar gyfer rhyw achlysur arbennig megis penblwydd y brenin, neu benblwydd ei ddyfodiad i'r orsedd? Rhoddwyd y geiriau yng ngenau Hanna gan y golygydd oherwydd perthnasedd adnod 5 a hefyd er mwyn dangos arwyddocad genedigaeth Samuel i Israel. Yr oedd ei eni yn drobwynt yn hanes y genedl am mai ef oedd yr un a etholwyd gan Dduw i eneinio'r ddau frenin cyntaf, Saul a Dafydd. Mewn un ystyr, Samuel oedd sylfaenydd y frenhiniaeth, swydd a sicrhaodd iddo le allweddol yn hanes cynnar Israel. Gyda'r frenhiniaeth gwawriodd oes newydd pan oedd gallu Duw i'w weld yng ngrym ei eneiniog.

Wrth ystyried arwyddocad y weddi, y mae dau beth o leiaf yn dwyn sylw'r darllenydd. Y cyntaf yw'r cyfeiriad at ysbryd dialgar sy'n achosi trallod. Y mae Duw Hanna yn lladd, yn tlodi ac yn darostwng, yn ogystal â bywhau, cyfoethogi a dyrchafu. Er mor wrthun yw'r ddelwedd yma o Dduw i'r Cristion, caiff le amlwg iawn mewn llawer o weddïau'r Hen Destament, yn enwedig y Salmau. Un ffordd o drin yr anhawster yw ei ystyried yng ngoleuni'r Testament Newydd am mai yn Iesu o Nasareth y datguddir natur Duw yn llawn. Cofiwn fod gweddi Hanna'n adlewyrchu cyfnod cynnar yn hanes cred, ganrifoedd cyn geni Iesu, ond peidiwn â gadael hynny ein dallu i'w chyfoeth ysbrydol. Yr ail nodwedd sy'n haeddu sylw yw'r ffaith y priodolir y weddi hon i ferch. Y mae hyn yn anarferol iawn rhwng cloriau'r Hen Destament. Rhaid aros hyd cyfnod y Testament Newydd cyn y ceir gweddi debyg iddi o ran maint a chynnwys sydd hefyd yn weddi merch, sef gweddi Mair.

Gweddi Nehemeia (Nehemeia 1:4-11)

Un o Iddewon y Gwasgariad oedd Nehemeia. Cafodd ei eni a'i

fagu ym Mhersia a daeth i Jerwsalem tua 445 CC i ailgodi muriau'r ddinas a faluriwyd gan frenin Babilon tua chanrif a hanner ynghynt. Fe'i cyplysir ag Esra, un arall o blith yr Iddewon ar wasgar, a ddaeth i Jwda gyda'r bwriad o buro ac ailsefydlu iddewiaeth. Cred rhai i Nehemeia gwblhau y gwaith o atgyweirio'r ddinas cyn i Esra gyrraedd i ddiwygio'r grefydd, ac y mae llawer i'w ddweud dros hynny. Ond i'n pwrpas ni, fe gadwn at drefn y Beibl sy'n awgrymu fod Esra wedi cyrraedd Jerwsalem yn 458 a Nehemeia tair mlynedd ar ddeg yn ddiweddarach.

Yr hyn sy'n arbennig yn hanes Nehemeia yw'r pwyslais a roddir gan yr awdur ar waith caib a rhaw. Tra oedd Esra'n ymwneud â materion crefyddol, rhoddodd Nehemeia flaenoriaeth i'r gwleidyddol a'r ymarferol. Ei ddeisyfiad ar un achlysur oedd: 'Fy Nuw, cofia er daioni i mi y cwbl a wneuthum i'r bobl yma' (5:19). Dyn yn llawn egni a brwdfrydedd dros gael dinas a fyddai'n ddiogel i'w gyd-Iddewon fyw ynddi oedd Nehemeia. Offrymodd Nehemeia ei weddi ac yntau'n gweithio fel trulliad i frenin Persia. Yr oedd hon yn swydd uchel yn y llys, a mwynhâi'r sawl a'i llenwai ymddiriedaeth lwyr y brenin. Daeth y newydd trist i'r palas yn Swsan fod trigolion Jerwsalem mewn cryn drafferth am fod y ddinas yn parháu'n adfail. Er i amser maith fynd heibio ar ôl y cwymp, nid oedd neb wedi ymgymeryd â'r gwaith o atgyweirio. Y mae'n wir fod Esra wedi cyrraedd rhai blynyddoedd ynghynt, ond o safbwynt ymarferol, prin fu ei gyflawniadau. Ond aeth Nehemeia i lygad y ffynnon a mentro gofyn caniatâd y brenin i fynd i Jerwsalem a'i hadfer o'i chyflwr adfeiliedig (2:5-8). Rhyddhawyd ef o'i swydd a theithiodd i Jwda. Er fod ganddo wrthwynebwyr yn Jerwsalem, llwyddodd ei ymgyrch i ailgodi'r muriau a chafodd ei ethol yn lywodraethwr y ddinas am gyfnod o ddeuddeng mlynedd. Ond cyn gofyn am fynd, treuliodd Nehemeia ddyddiau lawer mewn gweddi ac ympryd, ac yn ôl awdur y llyfr, dyma sylwedd ei weddi:

O ARGLWYDD Dduw y nefoedd, y Duw mawr ac ofnadwy, sy'n cadw cyfamod ac yn ffyddlon i'r rhai sy'n ei garu ac yn cadw ei orchmynion, yn awr bydded dy glust yn gwrando a'th lygaid yn agored i dderbyn y weddi yr wyf fi, dy was, yn ei gweddïo o'th flaen ddydd a nos, dros blant Israel, dy weision. Yr wyf yn cyffesu'r pechodau a wnaethom ni, feibion Israel, yn dy erbyn; yr wyf fi a thŷ fy nhad wedi pechu yn dy erbyn, ac ymddwyn yn llygredig iawn tuag atat trwy beidio â chadw'r gorchmynion a'r barnedigaethau a orchmynaist i'th was Moses. Cofia'r rhybudd a roddaist i'th was Moses pan ddywedaist, 'Os byddwch yn anffyddlon, byddaf fi'n eich gwasgaru ymysg y bobloedd; ond os dychwelwch ataf a chadw fy ngorchmynion a'u gwneud, byddaf yn casglu'r rhai a wasgarwyd hyd gyrion byd, ac yn eu cyrchu i'r lle a ddewisais i roi fy enw yno'. Dy weision a'th bobl di ydynt, y rhai a waredaist â'th allu mawr ac â'th law nerthol. O ARGLWYDD, gwrando ar weddi dy was a'th weision sy'n ymhyfrydu mewn parchu dy enw, a rho lwyddiant i'th was heddiw a phâr iddo gael trugaredd gerbron y gŵr hwn.

Daw gweddi Nehemia ar ddechrau ei waith, pan oedd ar fin ymgymeryd â gorchwyl a ymddangosai'n anodd ac annelwig. Nid oedd ganddo unrhyw sicrwydd y byddai'n llwyddo. Yr oedd yn amlwg fod Jerwsalem angen cymorth; ond nid oedd mor amlwg y gallai ef wneud yr hyn oedd yn angenrheidiol. Y cam cyntaf oedd sicrhau caniatad y brenin. Beth petai hwnnw'n amau dilysrwydd ei drulliad ac yn ei gyhuddo o drais a gwrthryfel? Does ryfedd fod Nehemeia yn teimlo'n nerfus o dan y fath amgylchiadau ac yn chwilio am gymorth oddi fry. Felly yn y cymal olaf, yn y deisyfiad ar Dduw i wrando ac yn yr apêl am gymorth i oresgyn pob rhwystr, y mae byrdwn y weddi. Tybed ai'r cymal hwn yn unig oedd gweddi wreiddiol Nehemeia pan ddaeth o flaen y brenin a bod awdur y llyfr wedi ychwanegu'r gweddill? Oherwydd er fod yr apêl yn gryno a syml, ceir rhagymadrodd hir a ffurfiol yn ymestyn o adnod 5 i adnod 10. Cyn gwneud y deisyfiad, ymddengys fod angen paratoad manwl sy'n cynnwys cyfeiriad at ymwybyddiaeth ddwfn yr Iddew o bechod, 'yr wyf fi a thŷ fy nhad wedi pechu yn dy erbyn'. Sylwer hefyd ar yr iaith ffurfiol sy'n adleisio rhannau eraill o'r Beibl megis Llyfr Deuteronomium a'r weddi a geir yn y nawfed bennod o Lyfr Daniel. Pan ddaw'r foment i foli a chyffesu, defnyddia Nehemeia briod-ddulliau adnabyddus a fyddai'n gyfarwydd i unrhyw Iddew golau yn ei Feibl.

Sylwer ymhellach nad gweddi am arweiniad yw hon. Nid troi mewn penbleth at Dduw a gofyn 'Beth a wnaf fi rwan?' y mae Nehemeia ond gofyn am lwyddiant yn y cam y mae eisoes wedi ei benderfynu ei gymryd. Dengys ei ddeisyfiad yn eglur ei fod wedi ystyried beth i'w wneud a sut i'w wneud o cyn apelio ar Dduw am gymorth: 'Rho lwyddiant i'th was heddiw a phâr iddo gael trugaredd ger bron y gŵr hwn'. Deisyfiad sydd yma ar i Dduw lwyddo bwriad Nehemeia trwy drefnu fod y brenin yn gwrando ar ei gais.

Hawdd iawn yw rhoi gormod o bwyslais ar weddi am arweiniad yn lle defnyddio'r crebwyll y'n doniwyd ni ag ef i weithredu'n derfynol ac yn effeithiol. Hawdd yw gaddo gweddïo dros rywun neu rywbeth ond gwneud nemor ddim i helpu. Dyn ymarferol oedd Nehemeia. Gwyddai na fyddai ei ymgyrch yn Jerwsalem yn llwyddo heb gymorth a chefnogaeth brenin Persia. Nid oedd gweddïo dros lwydd y fenter yn esgus dros hepgor penderfyniadau dyrys.

Nid peth hawdd yw gwerthuso'r ymgais i ailgodi muriau Jerwsalem. Gall yr hyn oedd yn ddarbodus, a hyd yn oed yn angenrheidiol, ar un cyfnod fod yn gwbl annerbyniol ac yn groes i ysbryd yr oes mewn cyfnod arall. Nid yw Cristnogion bob amser wedi medru dygymod â Nehemeia; y duedd yw disbrisio ei waith fel codwr muriau ac anwybyddu ei weddi am lwyddiant y fenter. Onid un o brif ganlyniadau bywyd, gwaith ac atgyfodiad Iesu oedd chwalu'r muriau rhwng cenhedloedd? 'Ef yw ein heddwch ni. Gwnaeth y ddau, yr Iddewon a'r Cenhedloedd, yn un, wedi chwalu trwy ei gnawd ei hun y canolfur o elyniaeth oedd yn eu gwahanu' (Effesiaid 2:14). Y mae pob crefydd, pan fo ar ei gorau, yn ceisio cymod trwy symud ymaith y muriau sy'n gwahanu pobl oddi wrth ei gilydd. Onid croeso llugoer, felly, a ddylid ei roi i waith Nehemeia? Onid ydym, ar ddiwedd y ganrif waedlyd hon, yn gweld mor glir ag erioed allu crefydd yn y Dwyrain Canol i osod Iddew yn erbyn Mwslim a Mwslim yn erbyn Cristion, ac yn nes adref o lawer, y Pabydd yn erbyn y Protestant? O feddwl am grefydd fel yna, y mae iddi agwedd drist, os nad erchyll.

Ond cyn ei gondemnio, rhoddwn gyfraniad Nehemeia unwaith eto yn erbyn y cefndir priodol. Os yw trefn y Beibl yn iawn, yr oedd Nehemeia yn dilyn Esra yn Jerwsalem. Diwygio'r grefydd oedd cenhadaeth Esra, ac er mwyn gwneud hynny ceisiodd uno'r amryw garfannau mewn iddewiaeth. Ond methodd gyda'r Samariaid. Yr oedd yr anghydfod rhwng Jwda a Samaria yn parháu, ac os rhywbeth yn gwaethygu, pan ddaeth Nehemeia i'r adwy. Bwriad Nehemeia oedd amddiffyn Jerwsalem rhag ymosodiad sydyn o gyfeiriad Samaria. Gwelai ef na ddeuai heddwch yn fuan, er gwaethaf pob ymgais, a phenderfynodd godi'r muriau i achub y blaen ar ei elynion. Yn ei farn ef, gwell efallai oedd cytuno i anghytuno na byw mewn gelyniaeth barhaus. Gwell oedd codi mur a sicrhau fod Jerwsalem yn cael y cyfle unwaith eto i fod yn ddinas sanctaidd na gweld y genedl yn mynd ar ddisberod. Ond cyn ymafael yn y gwaith, aeth Nehemeia ar ei ddeulin.

Pynciau Trafod

1. Trowch at bennod 'arwyr y ffydd' (Hebreaid 11) ac ystyriwch yr hyn a chwaraeodd weddi yn eu bywydau

2. Trafodwch werth a) cael mannau arbennig i weddïo, a b) cael adegau neilltuol i weddïo

3. Sut dylai'r Cristion ymagweddu i weddïau 'dialgar' yr Hen Destament?

4. Ystyriwch natur y berthynas rhwng gweddi a gweithredu

Pennod 3
Gweddi yn y Testament Newydd
Owen E. Evans

Diffinio gweddi

Ni cheir yn y Testament Newydd unrhyw ymgais i ddiffinio gweddi, ond y mae'n llawn o gyfeiriadau at weddi fel gweithgaredd sydd yn elfen naturiol a chwbl hanfodol ym mywyd pob credadun Cristnogol. Er mwyn deall y cyfeiriadau hyn, fodd bynnag, y mae'n bwysig ein bod yn dechrau gyda diffiniad gweddol glir yn ein meddwl o ystyr y term 'gweddi' fel gweithgaredd crefyddol.

Gwelir tuedd weithiau i ddiffinio'r term mewn ystyr mor eang nes bod gweddi yn cael ei uniaethu â'r bywyd Cristnogol yn ei gyfanrwydd. Enghraifft o hyn yw'r ymadrodd poblogaidd *laborare est orare* (gweithio yw gweddïo) - y gellir ei gymharu â'r diffiniad yr un mor gynhwysfawr a roddir o'r term 'addoli' mewn llinell o emyn poblogaidd John Greenleaf Whittier: '... *to worship rightly is to love each other*'. Mewn parargraff cyfarwydd o'i gyfrol werthfawr *Cudd fy Meiau* rhydd y diweddar Pennar Davies fynegiant trawiadol i'r dull hollgynwysol hwn o ddiffinio gweddi:

> Meddwl, gweithio, chwarae, gwneuthur popeth ... bwyta, cysgu, ymwisgo, ymdrwsio, ymolchi, ymgomio, cyfarfod â chyd-ddynion, gwylio digwyddiadau'r oes, ymroddi i fudiadau bendithiol, gwneud y gwaith beunyddiol a phob gwaith arall dros ben, ac yn y cyfan dibynnu ar Dduw a rhoi gogoniant iddo a gwybod ei fod gyda chwi - dyna weddïo.

Y mae'r dyfyniadau hyn yn amheuthun fel moddion i bwysleisio'r berthynas hanfodol sy'n bod rhwng y wedd ddefosiynol a'r wedd ymarferol i'r bywyd Cristnogol - rhwng ffydd a gweithredoedd, rhwng addoliad ac ymarweddiad, rhwng bywyd a buchedd, rhwng gweddi a'r holl weithgareddau beunyddiol a restrir gan Pennar Davies - ac i'n hatgoffa'n barhaus mai 'wrth eu ffrwythau' y mae adnabod pob disgybl gwirioneddol i Grist. Ond fel diffiniadau o'r hyn ydyw gweddi y maent mor eang a phenagored ag i fod yn ddiwerth.

A symud i'r pegwn arall, gellid diffinio gweddi mewn termau mor gyfyng nes cynnwys cyfarchiad uniongyrchol o Dduw yn yr ail berson unigol yn unig. Y mae'n wir mai'r cyfarchiad yn yr ail berson unigol yw'r ffurf *arferol* a gymer gweddïau credinwyr Cristnogol - ein braint yw ymddangos gerbron yr Hollalluog Dduw, wyneb yn wyneb megis, a siarad ag ef fel y bydd plentyn yn cyfarch ei dad neu ei fam. Ond byddai diffinio gweddi mewn modd mor gyfyng a hyn yn golygu hepgor pob mawlwers sydd yn y trydydd person e.e. 'Duw a'th fendithio!' neu 'Gras ein Harglwydd Iesu Grist a fyddo gyda chwi!' Byddai hefyd yn golygu hepgor yr 'ocheneidiau y tu hwnt i eiriau', chwedl Paul, y deisyfiadau di-eiriau hynny sy'n cronni yng nghalon y credadun dan ysbrydoliaeth yr Ysbryd Glân (Rhuf. 8:26-27).

O geisio troedio tir canol rhwng y ddau begwn eithafol hwn, efallai y gellir dweud mai gweddi yw'r hyn sy'n digwydd pan yw'r credadun yn cyfathrebu â Duw mewn cymundeb ymwybodol a phersonol, gan rannu ag ef y meddyliau, y teimladau a'r dyheadau y mae'n dymuno'u cyflwyno i'w sylw. Wrth gynnig y diffiniad hwn, fodd bynnag, mae'n rhaid osgoi camargraff cyffredin arall. Dywedir weithiau mai'r peth pwysig mewn gweddi yw nid yr hyn sydd gennym ni i'w ddweud wrth Dduw ond yr hyn sydd gan Dduw i'w ddweud wrthym ni, ac y dylem wrth weddïo ddweud llai a gwrando mwy. Pe gadewid allan o'r frawddeg honno y ddau air 'mewn gweddi', byddai'r gosodiad yn un na ellid ond cytuno'n frwd ag ef; nid oes dim pwysicach ym mywyd y Cristion na gwrando ar yr hyn y mae Duw am ei ddweud wrthym a gofalu ein bod yn rhoi pob cyfle posibl i Dduw lefaru wrthym trwy'r cyfryngau a ordeiniodd ef i'r pwrpas hwnnw. Ond ni ddylid cymylu ystyron geiriau trwy gynnwys y gwrando hwn ar lais Duw oddi mewn i ddiffiniad o'r gair 'gweddi'. Mewn ymgom rhwng dau berson y mae i siarad a gwrando fel ei gilydd eu lle cwbl hanfodol; ond dau weithgaredd gwahanol yw siarad a gwrando. Y mae'r un peth yn wir am gymundeb rhwng credadun â Duw; rhydd y cymundeb hwn gyfle inni wrando ar Dduw yn siarad â ni, ac fe rydd hefyd gyfle inni siarad â Duw. Y mae'r gair 'gweddi', o'i ddefnyddio'n gywir, yn dynodi cyfraniad y credadun ei hun i'r cymundeb rhyngddo/ddi a Duw.

Wrth droi o'r diwedd at dystiolaeth y Testament Newydd, credaf y canfyddwn gysondeb rhwng y dystiolaeth honno a'r diffiniad a gynigiwyd yn y *prologomena* uchod i'n dadansoddiad a'n dehongliad ohoni. Ofnaf, fodd bynnag, na fydd yn bosibl o fewn terfynau'r un ysgrif fer hon ymdrin â phob rhan o'r pwnc. Rhaid cyfyngu'n sylw am y tro i'r man cychwyn priodol i ymdriniaeth o'r fath, sef yr hyn sydd gan yr efengylau i'w ddweud wrthym am esiampl a dysgeidiaeth yr Arglwydd Iesu ei hun.

Gweddïau Iesu

Cyfeirir yn yr efengylau at iesu'n gweddïo ar bymtheg o achlysuron:

1. Ar ôl ei fedydd gan ioan Fedyddiwr (Lc. 3:21)
2. Wedi iddo ymneilltuo i le unig drannoeth ei Saboth cyntaf yng Nghapernaum (Mc. 1:35; cymh Lc. 5:16, sy'n awgrymu bod

hynny'n arferiad ganddo)
3. Cyn dewis ei ddeuddeg disgybl treuliodd noson gyfan mewn gweddi (Lc. 6:12)
4. Ar ôl porthi'r pum mil (Mc. 6:46 = Mth. 14:23)
5. Wrth foliannu Duw am ei ddatguddio'i hun i rai bychain ac nid i ddoethion a deallusion (Mth. 11:25-26 = Lc. 10:21)
6. Ar achlysur cyffes Pedr, cyn holi'r disgyblion parthed syniadau'r tyrfaoedd, a'u syniadau hwy eu hunain, amdano (Lc. 9:18)
7. Yn union o flaen ei weddnewidiad ar y mynydd (Lc. 9:28-29)
8. Wrth fendithio'r plant bach a ddygwyd ato (Mth. 19:13)
9. Cyn atgyfodi Lasarus o'r bedd (In. 11:41-42)
10. Cyn rhagfynegi gwadiad Pedr (Lc. 22:32)
11. Cyn gadael yr oruwchystafell y noson cyn ei groeshoeliad (In. 17)
12. Yng ngardd Gethsemane (Mth.26:36-44 = Mc. 14:32-39 = Lc. 22:39-45)
13. Wrth gael ei hoelio ar y groes (Lc. 23:34)
14. Wrth ddioddef dyfnder eithaf ei ing, ei drallod a'i arswyd ar y groes (Mc. 15:34 = Mth. 27::45)
15. Wrth farw ar y groes (Lc. 23:46).

Ar saith o'r achlysuron a restrwyd uchod (sef rhifau 5, 9, 11, 12, 13, 14 a 15) rhoddir dyfyniadau uniongyrchol o gynnwys y gweddïau mewn geiriau a leferir gan Iesu. Ac eithrio'r weddi hir a chynhwysfawr yn in. 17 (rhif 11), gweddïau byrion o frawddeg neu ddwy yn unig ydynt, ond y mae'n debygol mai rhan, ac nid y cwbl, o'r weddi a ddyfynnir mewn nifer o'r achosion. Yn rhif 12 adroddir bod yr un weddi wedi ei hoffrymu ddwywaith neu dair, gan gymaint ei dwyster a'i thaerineb (Mc. 14:39: Mth. 26:44; cymh. Lc. 22:44). Ar un achlysur (rhif 10), er na ddyfynnir geiriau'r weddi, y mae iesu'n hysbysu Pedr o'i chynnwys: 'Yr wyf fi wedi deisyf drosot ti na fydd dy ffydd yn pallu' (Lc. 22:32).

Ar y saith achlysur arall (rhifau 1, 2, 3, 4, 6, 7 a 8) cyfeiriad moel yn unig a geir at y ffaith bod Iesu wedi gweddïo, heb grybwyll cynnwys y weddi, er bod y cyd-destun fel rheol yn rhoi syniad gweddol glir o'r hyn fyddai ei chynnwys tebygol.

Y mae'r dystiolaeth a amlinellwyd uchod yn ddigon i brofi bod gweddïo yn arferiad cyson ym mywyd daearol Iesu a bod gweddi yn elfen hanfodol yn y berthynas o gymundeb perffaith a di-dor a fodolai rhyngddo ef â Duw. Y mae'r dystiolaeth hefyd yn dangos bod gweddi i Iesu yn golygu cyfathrebu â'i Dad mewn moliant, diolchgarwch ac erfyniad drosto'i hun a thros eraill, gan rannu ag ef ei feddyliau, ei deimladau a'i ddyheadau personol. Ceir awgrym yn in.14:16 ('Ac fe ofynnaf finnau i'm Tad, ac fe rydd i chwi Eiriolwr arall ... Ysbryd y Gwirionedd') y bydd ei arfer o gyflwyno'i erfyniadau i'w Dad mewn gweddi yn parháu ar ôl ei esgyniad (cymh. In. 16:26), a diau bod cysylltiad rhwng y traddodiad hwn a'r athrawiaeth am y Crist dyrchafedig yn eiriol dros ei eglwys ar ddeheulaw Duw (gw. Rhuf. 8:34; Heb. 7:25; 1 in. 2:1).

Dysgeidiaeth Iesu

Am beth byddai Iesu yn ei weddïo? Gwelir ei atebiad i'r cwestiwn hwn yn bennaf yng Ngweddi'r Arglwydd (Mth. 6:9-13 = Lc. 11:1-4). Yn ôl Luc, ar gais y disgyblion y dysgodd Iesu iddynt y weddi hon; yn ôl Mathew, rhan ydyw o'r detholiad o amrywiol ddysgeidiaethau a gasglodd yr Efengylydd yn y Bregeth ar y Mynydd. Y mae'n debygol mai Luc a'i gosododd yn ei chyd-destun gwreiddiol, a bod y disgyblion wedi ceisio gan eu hathro batrwm o weddi y gallent ei harfer yn rheolaidd, fel yr oedd yn arferiad gan ddisgyblion Ioan Fedyddiwr (Lc. 5:33) ac a ddysgwyd iddynt gan eu meistr hwy (Lc. 11:1). Amcan y patrwm oedd dysgu i'r disgyblion pa bethau y dylent ofyn amdanynt yn eu gweddïau.

Cytunir yn gyffredinol mai fersiwn gwreiddiol Luc o Weddi'r Arglwydd sy'n cyfateb i union eiriau Iesu ei hun a bod fersiwn Mathew yn cyfateb i ehangiad o'r weddi a arferid yn yr Eglwys Fore. Felly y mae 'Ein Tad yn y nefoedd' (Mth.) yn ehangiad o 'Dad' (Lc.), 'gwneler dy ewyllys ar y ddaear fel yn y nef' yn ychwanegiad esboniadol ar 'deled dy deyrnas', a 'gwared ni rhag yr Un drwg' yn ychwanegiad esboniadol at 'paid â'n dwyn i brawf'. Y mae'r cyfarchiad syml 'Dad' yn cyfateb i'r ffordd yr arferai Iesu ei hun gyfarch Duw fel 'Abba' yn ei weddïau; rhydd Iesu i'w ddisgyblion y fraint o gyfarch Duw yn yr un modd unigryw ag y gwnai ef ei hun. Yr oedd am iddynt hwythau gael eu cynnwys yn yr un berthynas ysbrydol a fodolai erioed rhyngddo ef, y Mab, a Duw y Tad.

Wrth weddïo'r weddi a ddysgwyd iddo gan yr Arglwydd, y mae'r disgybl yn mynegi yn gyntaf ei ddymuniad am i enw Duw gael ei gyfrif yn sanctaidd ac am i'w frenhiniaeth ef gael ei chydnabod yn gyffredinol trwy'r greadigaeth gyfan. Yn ail, mynega'r disgybl ei ddyhead am iddo ef ei hun a'i gyd-ddynion dderbyn yn feunyddiol gynhaliaeth ddigonol; am iddynt dderbyn maddeuant gan Dduw am eu pechodau - ar yr amod eu bod hwythau'n barod i faddau i'r rhai sy'n troseddu yn eu herbyn; ac am iddynt gael eu harbed rhag cael eu profi y tu hwnt i'w gallu i ymgynnal dan y prawf.

Ar wahân i Weddi'r Arglwydd ychydig o gyfeiriadau a welir yng ngeiriau Iesu at bethau penodol y dylai ei ddisgyblion ofyn amdanynt mewn gweddi. Y mae'r deisyfiad ar i Arglwydd y cynhaeaf i 'anfon gweithwyr i'w gynhaeaf' (Mth. 9:38 = Lc. 10:2) yn estyniad o'r weddi 'Deled dy deyrnas'. Y mae'r weddi 'na ddewch i gael eich profi' (Mc. 14:38 = Mth. 26:41, Lc. 22:40) yn gyfystyr â 'Paid â'n dwyn i brawf' a chyffelyb yw ystyr y deisyfiad na fydd y ffoedigaeth rhag 'y gorthrymder mawr' (Mc. 13:18 = Mth. 24:20) yn digwydd yn ystod y gaeaf. Y cysylltiad hanfodol a welir yng Ngweddi'r Arglwydd rhwng gweddïo am faddeuant Duw a pharodrwydd y gweddïwr i faddau i'r rhai sy'n troseddu yn ei erbyn ef a adleisir yn nywediadau Iesu yn Mc. 11:25, Mth. 6:14-15 a Mth. 5:44 (= Lc. 6:28). Y mae Lc. 11:13 yn awgrymu bod Iesu wedi annog ei ddisgyblion i ofyn i Dduw mewn gweddi am ddawn yr Ysbryd Glân, ond y mae pob lle i gredu mai fersiwn Mth. 6:11 o'r dywediad hwn sy'n cynrychioli geiriau gwreiddiol Iesu ei hun: 'rhydd eich Tad nefol *bethau da* i'r rhai sy'n gofyn ganddo'. Y mae Luc, mae'n debyg, wedi addasu'r dywediad at sefyllfa ôl-Bentecostaidd yr Eglwys Fore.

Gellir crynhoi'r adran hon, felly, trwy ddweud bod y cwbl a ddysgodd Iesu ynglŷn â'r cwestiwn 'Gweddïo am beth?' yn ymhlyg yn y weddi a ddysgodd i'w ddisgblion cyntaf ac a fu'n sylfaen a phatrwm i bob gweddi wir Gristnogol trwy'r oesoedd.

Dull gweddi

Trown yn olaf at ddysgeidiaeth Iesu ar ddull gweddi: 'Gweddïo ym mha fodd?' Gallwn ddechrau ateb y cwestiwn hwn trwy sylwi ar bwyslais Iesu ar weddïo yn y dirgel. Encilio o'r neilltu y byddai ef ei hun i weddïo (Mc. 1:35; Lc. 5:16; Mth. 14:23; Lc. 22:39 etc.). Condemniodd yn llym y rhagrithwyr a wnai arddangosfa gyhoeddus o'u crefyddolder trwy weddïo 'ar eu sefyll yn y synagogau ac ar gonglau'r heolydd, er mwyn cael eu gweld gan ddynion' (Mth. 6:5; Mc. 12:38-40; Lc. 18:11-12). Elfen yng nghymundeb dirgel y gweddïwr â Duw yw gweddi i fod (Mth. 6:6); y mae'r geiriau 'ymhell i ffwrdd' (Lc. 18:13) yn awgrymu nad oedd neb dynol wrth law i glywed ymbil dwys y casglwr trethi yn y ddameg.

Yn yr un cywair y mae pwyslais Iesu ar y symlrwydd a'r cynildeb geiriau diymhongar a diffuant sy'n gweddu i'r gweddïwr. Y mae'n condemnio'r 'paganiaid' sy'n 'pentyrru geiriau' er mwyn ennill ffafr eu duw(iau) ac yn 'tybied y cant eu gwrando am eu haml eiriau' (Mth. 6:7). 'Y mae eich Tad yn gwybod cyn i chwi ofyn iddo beth yw eich anghenion' (Mth. 6:8). Unig amcan geiriau mewn gweddi yw bod yn gyfrwng hunan-fynegiant y gweddïwr, nid hysbysu Duw am yr hyn y dymunir ei fynegi.

Nodweddïon eraill mewn gweddi a bwysleisir gan Iesu yw taerineb a dyfalbarhad. Daw'r pwyslais hwn i'r golwg mewn dwy ddameg sy'n arbennig i Efengyl Luc - dameg y cyfaill ar ganol nos (Lc. 11:6-11) a dameg y weddw a'r barnwr (Lc. 18:1-8). Yn y naill a'r llall defnyddir termau arbennig o gryf a lliwgar: 'ei daerni digywilydd' sy'n galluogi'r gŵr yn y naill ddameg i gymell ei gyfaill i godi o'i wely i'w gynorthwyo (Lc. 11:8), a rhag i'r weddw daer 'ddal i ddod a'm plagio i farwolaeth' (Lc. 18:5) y mae'r barnwr calon-galed yn penderfnnu o'r diwedd roi dedfryd o'i phlaid. Rhaid gwylio, wrth gwrs, rhag trin na'r cyfaill na'r barnwr fel delwedd o Dduw: 'os ... pa faint mwy!' (cymh. Lc. 11:13 = Mth. 7:11) yw'r ymresymiad sy'n sail i'r ddwy ddameg fel ei gilydd. Eto i gyd, pwysleisia'r damhegion nad yw Duw bob amser yn ateb ein deisyfiadau yn ddi-oed, ac nad ydym i roi'r gorau i weddïo pan fydd yr oedi cyn ateb yn ymddangos yn hir. Rhaid dal ati i 'weddïo bob amser yn ddiflino' (Lc. 18:1) gyda thaerni diymatal.

Daw'r pwynt olaf hwn â ni at yr angen, a bwysleisir yn gyson gan Iesu, am agwedd briodol o ran meddwl, calon ac ysbryd yn y gweddïwr. A chaniatau bod yr agwedd honno'n bresennol, rhydd Iesu addewid sicr y bydd y Tad nefol yn ateb gweddïau ei blant (Mth. 7:7-11 = Lc.11:9-13; Mc. 11:24 = Mth. 21:22; Mth. 6:14-15, cymh. Mc. 11:25; Lc. 11:5-8; 18:1-8; 18:14; in. 14:13-14; 15:16;

16:23-24). Dengys y cyfeiriadau hyn pa fath agwedd meddwl, calon ac ysbryd sydd yn briodol inni fel gweddïwyr. Y mae'n agwedd *grediniol*: '... credwch eich bod wedi ei dderbyn, ac fe'i rhoddir i chwi' (Mc. 11:24 = Mth. 21:22). Ond ni all neb fod mor sicr â hynny y rhydd Duw iddo yr hyn y gofynnodd amdano os nad yw wedi gofyn am rywbeth sydd yn dda ac nid yn ddrwg i'r sawl sydd i'w dderbyn. Y mae'n sefyll i reswm na all Duw sydd yn berffaith dda roi i unrhyw un o'r plant y mae'n eu caru ddim a fydd yn ddrwg iddynt. Addewid Iesu yw 'y rhydd eich Tad sydd yn y nefoedd bethau da i'r rhai sy'n gofyn ganddo' (Mth. 7:11). Pan fyddwn - mewn anwybodaeth, mewn ffolineb, mewn trachwant hunanol, neu mewn malais - yn gweddïo ar Dduw i roi i ni rywbeth a fydd yn ddrwg, ni ellir disgwyl ateb cadarnhaol i'r cyfryw weddi.

Wrth ddweud 'y mae pawb sy'n gofyn yn derbyn' (Mth. 7:8 = Lc. 11:10), nid oedd iesu'n golygu y bydd y gweddïwr o angenrheidrwydd yn derbyn yr union beth y gofynnodd amdano. Yng ngeiriau Paul, ffordd Duw yw rhoi a gwneud 'yn anhraethol well na dim y gallwn ni ei ddeisyfu na'i ddychmygu'(Eff. 3:20). Ac yng ngeiriau Iesu ei hun, 'Y mae eich Tad yn gwybod cyn i chwi ofyn iddo beth yw eich anghenion' (Mth. 6:8) a chyflenwi a wna ef ein anghenion (na wyddom ni, yn aml, beth ydynt), nid ein dymuniadau (sydd yn aml yn fympwyol, yn hunanol ac yn annoeth). Dyna pam y mae'n rhaid i bob gweddi Gristnogol gael ei goleddfu - fel y goleddfwyd gweddi ddwysaf a mwyaf dynol Iesu ei hunan, yng ngardd Gethsemane - gan y cymal, 'os wyt ti'n fodlon ... gwneler dy ewyllys di, nid fy ewyllys i' (Lc. 22:42). Y mae agwedd y gweddïwr Cristnogol, felly, yn agwedd ymddarostyngol yn ogystal ag yn agwedd grediniol. Y mae'r credadun, wrth weddïo, yn ymddarostwng i ewyllys Duw mewn ymddiriedaeth lwyr ac ufudd-dod llawn.

Yn y tri chyfeiriad at weddi a gynhwysir yn Ymddiddanion

Ffarwel Iesu i'w ddisgyblion yn Efengyl Ioan (In. 14:13-14; 15:16; 16:23-24), ceir yr ymadrodd 'beth bynnag a ofynnwch yn fy enw i', gyda'r sicrwydd yr atebir y cyfryw weddi. Y mae'r cymal 'yn fy enw i' yn crynhoi'r cwbl y ceisiwyd ei ddweud uchod mewn ateb i'r cwestiwn 'Gweddïo ym mha fodd?' Y mae gweddïo yn enw Iesu Grist yn golygu bod gweddi'r Cristion wedi ei seilio ar ei waith achubol a'i eiriolaeth barhaol ef, wedi ei phatrymu ar ei weddïau a'i gyfarwyddiadau ef yn ystod dyddiau ei ymgnawdoliad, ac wedi ei hysbrydoli gan y berthynas bersonol honno o gymundeb ysbrydol a fynegwyd ganddo ef ei hun yn y fwyaf o'i weddïau: 'fel yr wyt ti, O Dad, ynof fi a minnau ynot ti, iddynt hwy hefyd fod ynom ni'.

Pynciau Trafod

1. Mentrwch eich diffiniad eich hun o weddi.

2. Gan gofio patrwm a dysgeidiaeth Iesu, ystyriwch arwyddocad galw Duw yn 'Dad'.

3. 'Patrwm pob gweddi Cristionogol yw Gweddi'r Arglwydd'. Trafodwch.

4. Pa mor bwysig yw taerineb yn y bywyd defosiynol?

Pennod 4
Gweddi ac Eiriolaeth Crist
D Densil Morgan

Ychydig yn ôl roedd yna gymydog i mi a wynebodd ar gystudd mawr. Er mawr siom i'w deulu a'i gydnabod fe'i tarawyd yn wael a chafwyd gwybod yn fuan fod ei salwch yn un difrifol iawn. Dyn crefyddol a defosiynol oedd y cyfaill hwn, ac un oedd yn gyfarwydd â bendith ac â disgyblaeth gweddi. Ond yng nghanol ei waeledd dyma a ddywedodd: 'rwy'n rhy wan erbyn hyn hyd yn oed i weddïo'. Tystiolaeth pawb a ymwelodd ag ef yn ystod ei gystudd oedd bod ei ffydd o hyd yn gadarn, bod ei ysbryd yn iraidd a'i bod yn fendith cael treulio amser yn ei gwmni. Doedd e' ddim yn drist, ond roedd gwendid yn ei ladd. 'Fy nghysur yw hyn', meddai, 'dyw hi ddim yn dibynnu arna'i; rwy'n gwybod bod eraill yn gweddïo drosof'. Mae'r sylw hwnnw, a thystiolaeth loyw y cyfaill a'i mynegodd, yn ein harwain at bwnc y bennod hon sef eiriolaeth, ei chysur hi a'i dirgelwch. Yr hyn rwyf am ei ystyried yn neilltuol yw eiriolaeth Crist trosom.

Gweddi Iesu yn yr efengylau

Fwy nac unwaith yn yr ysgrythur fe gawn fod Iesu yn gweddïo. O droi at efengyl Luc fe welwn Iesu yn gweddïo i ddechrau adeg ei fedydd: 'Pan oedd yr holl bobl yn cael eu bedyddio, yr oedd Iesu, ar ôl ei fedydd ef, yn *gweddïo*. Agorwyd y nef, a disgynnodd yr Ysbryd Glân arno mewn ffurf gorfforol fel colomen, a daeth llais o'r nef: "Ti yw fy Mab, yr Anwylyd, ynot ti yr wyf yn ymhyfrydu"' (3:21).Gweddi yw cyd-destun ei demtio yn yr anialwch gan ddiafol (4:1-13), ac yn dilyn gweddi hefyd mae'n dewis y deuddeg: 'Un o'r dyddiau hynny aeth allan i'r mynydd i *weddïo,* a bu ar hyd y nos yn *gweddïo ar Dduw.* Pan ddaeth hi'n ddydd galwodd ei ddisgyblion ato. Dewisodd o'u plith ddeuddeg, a rhoi'r enw apostolion iddynt' (6:12-13). Yn dilyn eu cenhadaeth yng Ngalilea, pan roddwyd arnynt nerth ac awdurdod i fwrw allan gythreuliaid a chyhoeddi dyfodiad y deyrnas, gofynnodd iddynt: 'Pwy y mae'r tyrfaoedd yn dweud ydwyf fi?' Pedr a atebodd "Meseia Duw"' (9:20), ond cyd-destun y cwestiwn, a'r ateb, yw gweddi: 'Pan oedd Iesu yn *gweddïo* o'r neilltu yng nghwmni'r disgyblion...' (9:18). Ar ôl cyffes Pedr ac yn dilyn ei ragfynegiad o'i farw a'i atgyfodiad daeth y gweddnewidiad: 'Ynghylch wyth diwrnod wedi iddo ddweud hyn, cymerodd Pedr ac Ioan ac Iago gydag ef a mynd i fyny'r mynydd i *weddïo*. Tra oedd ef yn *gweddïo,* newidiodd wedd ei wyneb a disgleiriodd ei wisg yn llachar wyn' (9:28). Er mor gofiadwy oedd y profiad hwn i'r disgyblion a oedd yn ei gwmni, byddai'r profiad ei hun ddim yn ddigon. Byddai angen cymorth a hyfforddiant arnynt i fedru cynnal y bywyd ysbrydol. Luc sy'n dweud eto: 'Yr oedd ef yn *gweddïo* mewn rhyw fan, ac wedi iddo orffen dywedodd un o'i ddisgyblion wrtho, "Arglwydd, dysg i ni weddïo, fel y dysgodd Ioan yntau i'w ddisgyblion ef"' (11:11). Luc sy'n cofnodi'r damhegion ynghylch gweddi, taerineb y cyfaill sy'n curo'r drws am hanner nos i ofyn bara (11:5-8) a dameg y wraig weddw a'r barnwr (18:1-8). Ac o droi at benllanw ei weinidogaeth yn ystod yr wythnos fawr cawn ei fod yn gweddïo ar Fynydd yr Olewydd:

> Yna aeth allan, a cherdded yn ôl ei arfer i Fynydd yr Olewydd, a'i ddisgyblion hefyd yn ei ddilyn. Pan gyrhaeddodd y fan, meddai wrthynt, 'Gweddïwch na ddewch i gael eich profi'. Yna ymneilltuodd Iesu oddi wrthynt tuag ergyd carreg, a chan benlinio *dechreuodd weddïo* gan ddweud, 'O Dad, os wyt ti'n fodlon, cymer y cwpan hwn oddi wrthyf. Ond gwneler dy ewyllys di, nid fy ewyllys i'. Ac ymddangosodd angel o'r nef iddo, a'i gyfnerthu. Gan gymaint ei ing yr oedd *yn gweddïo'n* ddwysach, ac yr oedd ei chwys fel dafnau o waed yn diferu ar y ddaear (22:39-44).

Yn ogystal â'n herio ni a'n hysbrydoli ni i weddïo'n ddwysach ac yn daerach ac yn fwy o ddifrif, mae'r hanesion yma yn medru'n digalonni ni. Gwyddom pa mor sâl yw ein bywydau gweddi ar y gorau, pa mor fyr ydym o gyrraedd ein safonau ni ein hunain o ran arfer a defosiwn heb sôn am brofi'r math gymundod â'r Tad a nodweddodd fywyd Iesu. A does dim rhaid i ni fod ar wely cystudd neu yng nghanol poen a thrallod i ddweud 'Rwy'n rhy wan erbyn hyn hyd yn oed i weddïo'. Nid rhywbeth sy'n dod yn hawdd ac yn ddilyffethair yw gweddi i neb. Meddai Griffith Jones, Llanddowror, yn ei *Hyfforddwr at Orsedd Gras* (1738) 'Nid yw yn anarferol i Gristnogion cryfion ar brydiau fod dan y fath gaethiwed a chyfyngder ysbryd, a chymaint o dywyllwch a llesgedd, neu ryw anhwyl neu'i gilydd yn y dyn oddi mewn, nas gallant nemor ychwaneg na chwynfan a thuchan yn eu gweddïau, fel gwennol yn trydar neu golomen yn griddfan' (tt.xxi-ii). Os dyna dystiolaeth Cristnogion cryfion, iach, pa faint mwy dystiolaeth y gweddill ohonom, Gristnogion claear y dyddiau oerion, rhynllyd hyn? Dyma pam mae dysgeidiaeth y Testament Newydd ynghylch eiriolaeth Crist mor eithriadol werthfawr, oherwydd mae'n ein dysgu nad yw ein gweddïau yn dibynnu yn y pen draw ar ein hymdrechion na'n taerineb neu ar ddim byd a wnawn ni, ond maent yn dibynnu yn hytrach ar yr hyn a wna ef.

Cynnwys gweddïau Iesu

Beth oedd cynnwys y gweddïau hynny mae'r efengylwyr wedi'u cofnodi? Mae Luc yn cofnodi sylwedd tair ohonynt, y weddi yn yr ardd: 'O Dad, cymer y cwpan hwn oddi wrthyf. Ond gwneler dy ewyllys di, nid fy ewyllys i' (22:42), a'r gweddïau rhyfeddol o'r groes: 'O Dad, maddau iddynt, oherywdd ni wyddant beth y maent yn ei wneud' (23:34), ac eto: 'Llefodd Iesu â llef uchel, "O Dad, i'th ddwylo di yr wyf yn cyflwyno fy ysbryd". A chan ddweud hyn bu farw' (23:46). Rhoddant awgrym i ni ynghylch cynnwys ei weddïau eraill. Ond o droi at Efengyl Ioan, cawn yn y Weddi Archoffeiriadol yr enghraifft fwyaf cyflawn o'i weddïau dros eraill.

> Wedi iddo lefaru'r geiriau hyn, cododd Iesu ei lygaid i'r nef a dywedodd 'O Dad, y mae'r awr wedi dod. Gogonedda dy Fab, er mwyn i'r Mab dy ogoneddu di. Oherwydd rhoddaist iddo ef awdurdod ar bob dyn, awdurdod i roi bywyd tragwyddol i bawb yr wyt ti wedi eu rhoi iddo ef. A hyn yw bywyd tragwyddol: dy adnabod di, yr unig wir Dduw, a'r hwn a anfonaist ti, Iesu Grist. Yr wyf wedi dy ogoneddu di ar y ddaear trwy orffen y gwaith a roddaist i mi i'w wneud. Yn awr, O Dad, gogonedda di fyfi ger dy fron dy hun a'r gogoniant oedd i mi ger dy fron cyn bod y byd (In. 17:1-5).

Rhydd Iesu inni yma ddysgeidiaeth bendant ynghylch ei eiriolaeth: 'Drostynt hwy [sc. y rhai a roddodd y Tad iddo allan o'r byd] yr wyf fi'n gweddïo. Nid dros y byd yr wyf yn gweddïo, ond dros y rhai a roddaist i mi, oherwydd eiddot ti ydynt' (17:9). Gweddïo dros ei ddisgyblion a wna Crist yma, y disgyblion cyntaf y rhoddwyd iddynt y comiswn apostolaidd (17:11-19) a phob disgybl arall a ddaw yn eiddo i Grist trwy eu cenhadaeth hwy: 'Nid dros y rhain yn unig yr wyf yn gweddïo, ond hefyd dros y rhai fydd yn credu ynof fi trwy eu gair hwy' (17:20). A'r un yw byrdwn ei weddi drostynt oll, sef: iddynt gael eu cadw'n ddiogel (17:11); iddynt brofi llawenydd cyflawn (17:13); iddynt gael eu cadw'n ddiogel oddi mewn i'r byd ond rhag yr Un drwg (17:15); iddynt gael eu cysegru yn y gwirionedd, 'Dy air di yw'r gwirionedd' (17:17); iddynt oll fod yn un 'er mwyn i'r byd gredu mai tydi a'm hanfonodd' (17:21); ac iddynt maes o law brofi o'i ogoniant, 'y gogoniant a roddaist ti i mi oherwydd i ti fy ngharu cyn seilio'r byd' (17:24). Gweddïo drosom *ni* mae Iesu yn y fan hyn, a does dim amheuaeth ynghylch effeithiolrwydd ei weddi.

Mae'r addewid yn ddi-sigl am fod gweddi Iesu a'i ufudd-dod i'w Dad yn berffaith. Dyna pam mae Ioan yn cofnodi'r weddi hon yng nghanol yr Ymddiddanion Ffarwel (13-17) gan wybod mai pen draw'r cwbl fydd ei farw a'i aberth drud.

Ufudd-dod Iesu a'i eiriolaeth

Yn y Weddi Archoffeiriadol mae Iesu'n dweud: 'Er eu mwyn hwy yr wyf fi'n fy nghysegru fy hun, er mwyn iddynt hwythau fod wedi eu cysegru yn y gwirionedd' (17:19). Trwy ei uniaethu ei hun â ni yn ei enedigaeth a'i fedydd gan Ioan yn yr Iorddonen, trwy ufuddhau i Dduw gydol ei weinidogaeth a chymryd arno'i hun ddyfarniad yr Arglwydd sanctaidd yn ein herbyn ar y groes, mae Iesu'n gwneud yr hyn na allem ni fyth mo'i wneud, sef offrymu i'r Tad ein haddoliad, ein hufudd-dod a'n cymundeb perffaith ag ef. 'Er ei fod ef erioed ar ffurf Duw, ni chyfrifodd fod cydraddoldeb â Duw yn beth i ddal gafael arno, ond fe'i gwacaodd ei hun, gan gymryd ffurf caethwas a dyfod ar wedd dynion. O'i gael ar ddull fel dyn, fe'i darostyngodd ei hun gan fod yn ufudd hyd angau, ie angau ar groes' (Phil.2:4-9). Mae'r darostwng yn cynnwys offrymu i Dduw weddi berffaith ar ein rhan. Mae'n gwneud hwn fel dyn ymhlith dynion a'i gysegru ei hun i'r Tad ar y naill law ac i ninnau ar y llaw arall. Y darlun a ddefnyddia yr Awdur at yr Hebreaid i fynegi'r gwirionedd hwn yw darlun yr Archoffeiriad: 'Gan fod gennym, felly, archoffeiriad mawr sydd wedi mynd drwy'r nefoedd, sef Iesu, Mab Duw, gadewch inni lynu wrth ein cyffes. Canys nid archoffeiriad heb allu cyd-ddioddef â'n gwendidau sydd gennym, ond un sydd wedi ei brofi ym mhob peth, yr un modd â ni, ac eto heb bechod. Felly gadewch inni nesáu mewn hyder at orsedd gras, er mwyn derbyn trugaredd a chael gras yn gymorth yn ei bryd' (Heb.4: 14-6). Mae'r bennod nesaf yn helaethu ar swydd yr archoffeiriad a'i chymhwyso at Iesu:

O blith dynion y bydd pob archoffeiriad yn cael ei ddewis, ac ar ran dynion y bydd yn cael ei benodi, yn y pethau a berthyn i Dduw, i offrymu rhoddion ac aberthau dros bechodau. Y mae'n gallu cydymddwyn â'r rhai anwybodus a chyfeiliornus, gan ei fod yntau hefyd wedi ei amgylchu a gwendid; ac oherwydd y gwendid hwn, rhaid iddo offrymu dros bechodau ar ei ran ei hun, fel ar ran y bobl. Nid oes neb yn cymryd yr anrhydedd iddo'i hun; Duw sydd yn ei alw, fel y galwodd Aaron.

Felly hefyd gyda Christ. Nid ei ogoneddu ei hun i fod yn archoffeiriad a wnaeth, ond Duw a ddywedodd wrtho: 'Fy Mab wyt ti, myfi a'th genhedlodd di heddiw'... Yn nyddiau ei gnawd fe offrymodd Iesu weddïau ac erfyniadau, gyda llef uchel a dagrau, i'r hwn oedd yn abl i'w achub rhag marwolaeth, ac fe gafodd ei wrando o achos ei barchedig ofn. Er mai Mab ydoedd dysgodd ufudd-dod drwy'r hyn a ddioddefodd, ac wedi ei berffeithio, daeth yn ffynhonnell iachawdwriaeth dragwyddol i bawb sydd yn ufuddhau iddo, wedi ei enwi gan Dduw yn archoffeiriad yn ôl urdd Melchisedec (Heb.5: 1-10).

Fel yr offrymodd Iesu weddïau dros ei ddisgyblion adeg ei ddarostyngiad, felly hefyd a wna'r Crist dyrchafedig sydd, yng nghyflawnder ei ddyndod, wedi esgyn fry at ei Dad nefol: 'Dyna pam y mae ef hefyd yn gallu achub hyd yr eithaf y rhai sy'n agosáu at Dduw trwyddo ef, *gan ei fod yn fyw bob amser i eiriol drostynt'* (Heb.7:25). Fel y dywedodd Paul wrth y Rhufeiniaid: 'Crist Iesu yw'r un a fu farw, yn hytrach, a gyfodwyd, yr un sydd ar ddeheulaw Duw, *yr un sydd yn ymbil trosom* ' (Rhuf. 8:34). Ystyr hyn yw bod y Crist daearol a offrymodd ei hun i'r Tad mewn ufudd-dod ac addoliad a gweddi perffaith a hynny er ein mwyn ni ac ar ein rhan, yn parháu â'i waith ym mhresenoldeb Duw yn y nefoedd. Fel y caiff ein hufudd-dod carpiog a diffygiol ni ei uno â'i ufudd-dod perffaith ef, sef ei ymateb dynol dilychwyn i ofynion y Tad, felly yr unir ein gweddïau gwael ni â'i weddi berffaith ef. Darniog a chlaear ydi'n gweddïau ni ar y gorau ac yn aml iawn yn ddieneiniad. Mae'i weddïau ef bob amser yn gyfan ac yn wresog ac yn cael eu cyflwyno yng ngrym yr Ysbryd Glân a rhain a ddaw yn effeithiol gerbron y Tad.

Eiriolaeth a'r Ysbryd

Ystyr y cyfan sy wedi'i ddweud hyd yma yw, yn ein gweddïau ni, fel ym mhob rhan arall o'n bywydau ysbrydol, nid ydym yn cael ein taflu nôl ar ein hadnoddau annigonol ein hunain ond dibynnwn yn llwyr ac yn gyfangwbl ar Grist. Mae'n hymroddiad ni mor aml yn pallu, mae'n ffydd ni yn wan ac mae'n gweddïau ni yn hesb: fel y dywedodd fy nghymydog gynt, 'Rwy'n rhy wan hyd yn oed i weddïo'. Oherwydd hyn teimlwn fel Pedr ein bod yn bradychu'n Harglwydd. '"Simon, Simon, dyma Satan wedi eich hawlio chwi, i'ch gogrwn fel yd; ond yr wyf fi wedi deisyf drosot na fydd dy ffydd yn pallu' (Lc. 22:31). Gwadodd Pedr er gwaethaf ymbil Crist. Ond daeth y Crist atgyfodedig nôl ato: '"Simon, fab ioan, a wyt ti'n fy ngharu i?" "Ydwyf, Arglwydd, fe wyddost ti fy mod yn dy garu di"' (In. 21: 15). Bu ymbil iesu'n effeithiol trwy'r cwbl! Trwy anfon yr Ysbryd Glân arnom ar ôl ei esgyniad mae Crist yr Eiriolwr yn ein cymell i droi ato: 'Yn yr un modd, y mae'r Ysbryd yn ein cynorthwyo yn ein gwendid. Oherwydd ni wyddom ni sut y dylem weddïo, ond y mae'r Ysbryd ei hun yn ymbil trosom ag ocheneidiau y tu hwnt i eiriau, ac y mae Duw, sy'n chwilio calonnau dynion, yn deall bwriad yr Ysbryd, mai ymbil y mae tros saint Duw i amcanion Duw' (Rhuf.8:26-7). Os hyn, ac er gwaethaf ein diffygion i gyd, 'Pwy sydd yn ein collfarnu? Crist Iesu yw'r un a fu farw, yn hytrach a gyfodwyd, yr un sydd ar ddeheulaw Duw, yr un sydd yn ymbil trosom'. Yn ein gwendid a'n trallod a'n gwae ni ŵyr neb ohonom yn iawn sut i weddïo, ond fe ŵyr yr Ysbryd, yr hwn sy'n troi ein ocheneidiau annigonol ni yn weddïau teilwng gerbron Iesu a'r Tad. Mae'n buddugoliaeth mewn gweddi yn deillio nid o'n hymdrechion ni ond o goncwest yr hwn a'n carodd ac sy'n parháu i eiriol trosom yn dragywydd.

Pynciau Trafod

1. Ystyriwch y gwahanol rwystrau sydd ar lwybr gweddi a thrafodwch sut orau i'w goresgyn.

2. 'Nid yr hyn a wnaf fi dros Grist sy'n bwysig ond yr hyn a wna Ef drosof fi'. Trafodwch hyn yng nghyd-destun gweddi.

3. Trafodwch swyddogaeth Crist fel Archoffeiriad.

4. Beth yw lle'r Ysbryd Glân mewn gweddi?

Pennod 5
Y Weddi Gyhoeddus
John Gwilym Jones

Mewn gwasanaeth byddwn yn darllen yr Ysgrythur, yn canu, yn myfyrio, ac yn annerch ein gilydd er mwyn dysgu a goleuo. Fe all yr elfennau hyn i gyd fod yn 'weddïau' cyhoeddus ynddynt eu hunain. Ceir llawer salm ac emyn sy'n weddïau, a bydd rhannau mewn pregeth weithiau yn fawl gweddigar i Dduw ac i'r Gwaredwr. Ac eto prin y byddai neb am hepgor gweddi fel rhan ffurfiol mewn gwasanaeth.

Bydd rhai yn gwerthfawrogi amlder gweddïau, a'u categoreiddio, gan fanylu ymhle, er enghraifft, y dylid cael y gyffes, a phryd y dylid cael yr ymbil. Hwyrach fod trefn bendant felly o gymorth i lawer cynulleidfa sydd wedi arfer â hi. Ond am y gweddill ohonom, bydd gennym un lle arbennig yng ngwasanaeth y Sul ar gyfer un brif weddi gyhoeddus. Ac mewn cwrdd gweddi bydd y gweddïau oll yn cynnwys categorïau megis cyffes ac ymbil ac eiriolaeth.

Gweddïau i'w darllen

Fe all hyd yn oed Annibynnwr neu Fedyddiwr bellach fentro sôn am fanteision cael Llyfr Gwasanaeth ac ynddo batrymau gweddïau. Ceir ynddo weddïau caboledig, rai ohonynt wedi eu saernio mewn oes pan wyddai awduron rywbeth am rethreg a sigl brawddeg. Gweddïau esmwyth eu rhediad, fel cerrig yr afon wedi eu treulio'n llyfn gan genedlaethau o dafodau. Gweddïau cyfoethog eu cynnwys a'u mynegiant, y gellir eu traddodi gydag urddas.

Y mae cael stôr o weddïau felly yn sicrhau gwedduster

anrhydeddus i wasanaeth, fel petaem yn offrymu'r ebyrth llenyddol gorau gerbron Duw. Gwaredigaeth inni, ar adegau pan deimlwn ein bod yn garbwl ein mynegiant mewn gweddi o'r frest, yw cael darllen y gweddïau clasurol hyn. Mantais arall i addolwyr yw fod y gweddïau, o'u clywed yn gyson, yn magu cysylltiadau yn y cof, yn union fel y bydd ambell bennill mewn emyn wedi magu arwyddocad o'i ganu dan amgylchiadau arbennig.

Gweddïau cyfoes

Yn ystod ail hanner y ganrif hon cyhoeddwyd nifer o gasgliadau o weddïau. Ymateb i 'brinder doniau cyhoeddus' (R.J.Jones, *Wrth Orsedd Gras,* 1953) a wnai'r rhain yn rhannol. Yr oedd eu hieithwedd yn adleisio gweddïau cyhoeddus yr oedfa a'r cwrdd gweddi. Yna o'r saithdegau ymlaen cafwyd llawer casgliad o weddïau anffurfiol eu harddull. Gall y rhain ar dro ein hysgwyd gan eu gonestrwydd a'n herio gan eu hyfdra. Bryd arall, yng nghyd-destun oedfa arferol, fe allant swnio'n aflednais a di-urddas.

Gweddïau i'w cyd-ddarllen

Honnir fod yna awydd mawr ymhlith addolwyr am gael mwy o ran mewn gwasanaeth. Os yw hynny'n wir, fe all darllen gweddi hoelio llygaid cynulleidfa ar frawddegau sgript a hynny'n canoli eu meddyliau. Rhaid i mi gyfaddef, pan gaf fy hun mewn sefyllfa felly, byddaf yn pryderu mwy am fedru darllen y geiriau'n gywir na myfyrio ar gynnwys y brawddegau. Ni allaf ychwaith ddweud fod cael pytiau o atebion peiriannol yma a thraw rhwng brawddegau wedi ychwanegu dim at fy nefosiwn mewn oedfa. Dichon fod profiad pobl eraill yn wahanol, wn i ddim.

Fan hyn carwn ddweud gair am 'arbrofi'. Y mae'n un o'r ystrydebau cyfoes hynny y talwn wrogaeth gyson iddynt ym mhob math o feysydd. Yr egwyddor sydd yn y gair yw rhoi cynnig ar ffurfiau newydd er mwyn gweld pa ffurf fydd yn llwyddo. Y mae'r syniad yn rhagdybio y gellir mesur llwyddiant mewn byr amser, tra mae yna ryw natur oesol a thraddodiadol yn perthyn i esblygiad ffurfiau addoli.

Y mae'n wir fod yna gyfnewidiadau wedi digwydd yn gyflym o dro i dro dros y canrifoedd. Ond ysgogiad annisgwyl yr Ysbryd sydd wedi eu creu, yn fwy na threfniadaeth fwriadus dyn. Gellid crybwyll er enghraifft le newydd yr emyn yn dod i wasanaethau drwy ysbrydoliaeth Charles Wesley.

Ar y llaw arall, os yw addoli i ddatblygu rhaid i ni, sy'n gartrefol mewn hen ffurfiau, oddef newidiadau o dro i dro ar ddulliau'r weddi gyhoeddus, yn y gobaith y gallant drwy rym yr Ysbryd afael ynom ac yn ein plant mewn oes i ddod. Ond os mynnwn alw'r peth yn arbrofi, dylid cofio fod hynny'n golygu rhoi cynnig ar ffurfiau a dulliau newydd, nid cynnwys hen elfennau treuliedig y litwrgi eglwysig.

Gweddïau wedi eu cyfansoddi

Bydd y rhain yn rhoi cyfle i'r un sy'n arwain addoliad fod yn fwy perthnasol ei eiriau i anghenion ei gynulleidfa. Yr un pryd fe fydd gofal y paratoi a'r cyfansoddi yn sicrhau gwell graen ar y dweud nag a fydd weithiau ar weddi o'r frest.

Gweddi o'r frest

Rwy'n defnyddio'r ymadrodd am mai dyma a alwn y weddi fyrfyfyr. Y weddi felly yw'r traddodiad cyffredinol ymhlith Anghydffurfwyr. Y mae iddi ei pheryglon amlwg, na fwriadaf fynd ar eu hôl fan hyn. Ond bu'r weddi o'r frest yn fendith i filoedd o oedfaon o'i chyflwyno'n gymwys.

Dywedir yn aml fod yna elfennau sy'n hanfodol ym mhob gweddi: addoliad, cyffes, deisyfiad, eiriolaeth, mawl a diolch. Pwysleisir y dylid cofio am y rhain i gyd mewn gweddi gyhoeddus. Y meddwl y tu ôl i hyn, am wn i, yw hyn: y dylai pawb addoli; fod angen i bawb gyffesu; na all neb fyw heb ofyn gan Dduw; mai ein dyled i'n cyd-ddyn yw eiriol drosto; a'n dyled ni oll i Dduw yw diolch iddo a'i foli. Y mae'r elfennau hyn felly yn arweiniad sicr mewn gweddïau cyhoeddus o'r frest.

Ac eto rhaid i mi ychwanegu mai'r gweddïau cyhoeddus mwyaf eneiniedig a glywais i erioed oedd y rheini a dorrai'r rheol hon ynglŷn â'r gwahanol elfennau. Gweddïau yn canoli ar un meddwl yw'r gweddïau sydd wedi gadael eu hôl arnaf i. Byddai ein hen weinidog yng Nghastellnewydd Emlyn, yr Athro Trefor Evans, yn dyfynnu ambell gymal mewn Lladin a Groeg a Hebraeg yn ei sylwadau mewn Cwrdd Gweddi. Ond yr unig dro y'i cofiaf yn dyfynnu Ffrangeg oedd wrth ddiolch am weddi. Un o'r diaconiaid oedd wedi mentro ar ei liniau am y tro cyntaf wedi marwolaeth ei briod. A phan gododd y gweddïwr a mynd yn ôl i'w le, 'Fe wyddom ni nawr,' meddai'r gweinidog, 'beth yw *cri de coeur,* y gri o'r galon'.* Fe gofiaf yn fyw gymalau o'r weddi honno. Nid oedd ynddi fawr o'r elfennau 'hanfodol' wedi eu llunio'n dwt o'i mewn, dim ond gwaedd drwy ddagrau.

Fe allech ddweud i'r weddi honno dorri un rheol arall hefyd. Rhybuddiwyd ni gynt i ofalu na fyddem yn defnyddio'r person cyntaf mewn gweddi gyhoeddus, gan wthio'n gweddi bersonol ni ar gynulleidfa. Rhybudd da ar lawer cyfri. Ond fe gafodd yr

---

* Norman Goodacre yn *Layman's Lent* sy'n dweud, *'Prayer is a* cri de coeur, *not an insipid platitude'.*

oesoedd foddion gras o gael clustfeinio ar ambell weddi bersonol, nad oedd ynddi ystod o'r elfennau hanfodol. Fe gawsom o leiaf un gan Luc: 'O Dduw, bydd drugarog wrthyf fi, bechadur', a miloedd o eneidiau dros y canrifoedd wedi cael adleisio'r geiriau mewn gwir edifeirwch.

Fe ellid dyfynnu llawer o weddïau tebyg o'r Beibl, gweddïau gwirioneddol ddwys sy'n cynnwys un elfen yn unig, gweddïau o waelod enaid: 'Helpa fy niffyg ffydd', neu 'O Dad, maddau iddynt'. Y mae yna lyfr gweddïau wedi ei osod yng nghapel Ysbyty Gwynedd lle bydd cleifion neu berthnasau mewn trallod pryderus yn gosod eu taerineb sydyn ar bapur. Mae'r cyfraniadau'n amrywio'n fawr. Ond ymhlith y gweddïau sydd ynddo, rai ohonynt wedi ei gosod i lawr yn nyfnder nos, fe gefais ddarllen y deisyfiadau mwyaf dwys a welais erioed. Pobol yn gwybod yn nyfnder eu bod beth oedd yr un peth a ddymunent gan Dduw, yr un dymuniad a oedd yn golygu mwy na'r byd iddyn nhw.

Byddai gan yr hen weddïwyr ymadrodd am y weddi un frawddeg, sydyn, sef 'saeth weddi'. Heb na rhagymadrodd na ffrâm o fawl na diolch amdani, gweddi yw hi sy'n dod yn reddfol o waelod enaid ac yn cael ei saethu i gyfeiriad Duw. Gweddïau grymus iawn yw'r rheini pan ddont, a gweddïau sy'n ymwybod ag un angen anhraethadwy ar y pryd. Gweddïau personol ydynt, mae'n wir, yn perthyn i weddi'r galon ddirgel yn fwy nag i weddi gyhoeddus. Ond fe all cwmni o gydaddolwyr weithiau gael eu hysbrydoli o glywed dinoethi meddyliau mewn gweddi.

Felly, os am batrwm diogel, cofied y gweddïwr cyhoeddus am y pum elfen. Ond peidied â gofidio pan deimla weithiau na all ond arllwys ei galon o un cwpan yn unig, os y gwna hynny yn gwbl ddidwyll, a'r didwylledd yn ddilys i'r gynulleidfa.

Distawrwydd mewn gweddi gyhoeddus

Fe fydd hi'n arfer gan rai gweddïwyr gyhoeddi munud o ddistawrwydd ynghanol gweddi, fel cyfle i'r unigolion weddïo eu gweddïau personol. Rhaid cyfaddef i mi ei chael hi'n anodd defnyddio elfen felly mewn gweddi. Fel aelod mewn cynulleidfa serch hynny cefais un neu ddau weinidog a allai fframio'r funud ddistaw yn gelfydd iawn o fewn i weddill y weddi gyhoeddus.

Gweddi ddirgel

Y mae hyn yn dod a ni at fater y berthynas rhwng gweddi ddirgel a gweddi gyhoeddus. Y mae yna wahaniaethau amlwg rhwng y ddwy nad oes raid inni sôn amdanynt yma. Ond rhaid dweud gair am y cyswllt rhyngddynt. Soniais eisoes am yr angen i gofio'r weddi bersonol o fewn i weddi gyhoeddus. Ar y llaw arall, y mae angen i ni gofio fod y gweddïwr yn ei weddi ddirgel unigol yn dibynnu ar gefndir addoliad cymdeithas ei eglwys. Perthyn i gymdeithas neu gymuned y mae pob gweddi Gristnogol, boed hi'n weddi gynulleidfaol neu bersonol.

Mewn cymdeithas y cawsom ddysgu gweddïo, hyd oed os mai cymdeithas o ddau oedd hi. Dyna fel y digwyddodd hi i lu ohonom: mam yn ein dysgu i weddïo ein gweddi gyntaf. Yn ddiweddarach, y gweddïau a glywsom yn addoliad yr eglwys yw'n patrymau ni ar gyfer ein gweddïau personol.

Rhaid cadw'r cyswllt hwn rhwng y ddwy weddi yn fyw, neu fe all y weddi bersonol droi'n ynysig a mewnblyg. R H Tawney ddywedodd y bydd y person sy'n chwilio Duw, a gwneud hynny ar wahân i'w gydaddolwyr, yn debygol o ddarganfod, nid Duw, ond yn hytrach y diafol, ac wyneb hwnnw yn debyg iawn i'w wyneb ef ei hun. Ac nid ychwanegiad yw ein haddoliad cyhoeddus. Y mae'n rhan annatod o'n bywyd Cristnogol.

Fe ellir dyfnhau ein golwg ar grefydd drwy wrando ar weddïau rhai eraill neu eu darllen. Y mae'r gymuned nid yn unig yn athro cynnar mewn gweddi, ond yn ei gwneud hi'n bosibl inni gynyddu mewn gweddi. 'Wrth i aelodau'r gynulleidfa wedddigar alw ar Dduw, y maent hefyd yn galw ar ei gilydd drwy'r weddi'(D.Z. Phillips, *The Concept of Prayer,* 1965, t.132).

Grym gweddi

A yw gweddi'n rymusach o gael cynulleidfa yn ei llefaru. A yw Duw'n gwrando'n barotach ar y miloedd nag ar yr unigolyn? Cyfarfum yn ddiweddar â brawd a ddiolchai'n llafar iawn am gael iachad. Ond fe wyddai yn union mai'r rheswm am hynny oedd fod ei enw'n cael ei grybwyll mewn gweddïau ledled y byd. Rhestrai gynulleidfaoedd mewn dinasoedd a threfi yn Yr Unol Daleithiau a gwledydd eraill a fu'n gweddïo drosto. Mae'n anodd iawn gen i gredu fod Duw yn fwy tebygol o wrando ar storom o weddïau nag ar ochenaid anhraethadwy.

Yn yr un modd ni allaf weld gofal Duw'n cael ei gyfyngu gan amser. Sonnir am leianod yn gweddïo, yn union fel petai angen cadw Duw ar ddihun: *'Many of them rise at midnight in order that even when the world sleeps, some here should join in the never-ceasing adoration of heaven. St Teresa wished her Carmelites to recite the night of peace earlier because it was a time when few others on earth were at prayer'* (Hubert Northcott, *The Venture of Prayer,* 1962, t.60).

'A gawn ni gydweddïo'

Nid cwestiwn yw'r frawddeg gyfarwydd yna, ond gwahoddiad.

Ac er mai un sy'n arwain yn y weddi lafar, bydd y gynulleidfa fudan yn cydweddïo ar hyd yr un geiriau.

'i dawel lwybrau gweddi,
O Arglwydd, arwain fi...'

yw geiriau cynefin yr emyn. Wn i ddim pa Gymro a fathodd yr ymadrodd 'llwybrau gweddi' ond yr oedd yn un o'r hen ymadroddion cyfarwydd ar dafodau'r gweddïwyr cyhoeddus, ac yn ymadrodd addas eithriadol.

Nid traffordd mo'r weddi gyhoeddus, a phob aelod o'r gynulleidfa yn gorfod bod arni o'i dechrau i'w diwedd. Llwybrau sydd i'r weddi. Bydd llawer o'r gynulleidfa'n dilyn y gweddïwr pan fo'n cychwyn. Ond ar ryw frawddeg neu syniad fe fydd ambell wrandawr yn troi i lwybr gwahanol. Bydd yn cofio am ei angen ei hun, neu angen rhywun arall, ac yn cerdded ar hyd y llwybr hwnnw am ysbaid. Efallai y daw yn ôl wedyn ymhen munud neu ddwy i lwybr y weddi lafar. Yn yr ystyr yna y mae yna ryw natur rydd yn perthyn i weddi gyhoeddus mewn oedfa. Y mae'r weddi gyhoeddus fel bro gynefin sy'n llawn llwybrau gwahanol.

Gweddi'r Arglwydd

Ar derfyn y weddi gyhoeddus byddwn weithiau'n arwain i mewn i gydweddïo Gweddi'r Arglwydd: '...yn enw Iesu Grist ein Harglwydd, yr hwn a'n dysgodd i weddïo gan ddywedyd ...' Yr ydym drwy wneud hyn yn dirwyn ein gweddi fach ni i'w therfyn, yn amherffaith ac anghyflawn, ac yna'n dod at grynhoad sy'n berffaith a chyflawn o fewn i un weddi, a'i hadrodd gyda'n gilydd.

Yn ôl ein hegwyddorion arferol am weddi, go brin y gellid ystyried Gweddi'r Arglwydd yn gyflawn. Nid oes ynddi gyffes fel y cyfryw. Ble mae'r diolch? A oes ynddi eiriolaeth? Y mae yn rhyfedd gen i fel y byddwn yn cwmpasu'r bydysawd i eiriol dros eraill yn ein gweddïau ni. Fe awn ar daith yn chwilio am alarwyr a chleifion bro a gwlad. Ac wedi dihysbyddu'r rheini awn i gribinio trueiniaid dros wyneb y byd, gan enwi'r gwledydd a'u dioddefiannau a'u rhyfeloedd.

Ac yna down yn ôl a sylwi ar y diffyg eiriolaeth yng Ngweddi'r Arglwydd. Does yna ddim sôn am dlodion na chleifion na neb sy'n brin o'n breintiau, na'r rhai a garai ran yn ein gweddi.

Y mae hyn yn codi cwestiwn: pwy a fwriadwyd i weddïo Gweddi'r Arglwydd? Byddaf o dro i dro yn clywed rhai yn dod i ddiwedd eu gweddi o'r frest, ac yna'n dweud, 'Yn enw Iesu Grist ein Harglwydd, yr hwn a'n dysgodd i weddïo *gyda'n gilydd,* "Ein Tad, yr Hwn wyt yn y nefoedd..."' A yw hyn yn wir? A fwriadai'r Iesu ddysgu i'w ddisgyblion weddïo fel côr? Ofnaf mai pwrpas y 'gyda'n gilydd' yw rhyw fath o arwydd i bawb ymuno. Ond nid yng nghanol y weddi y dylid dweud rhyw *brompt* fel yna, yn arbennig os nad yw'n gywir.

Rwy'n cydnabod y gellid dadlau mai gweddi i'w chydweddïo oedd hi yn wreiddiol, ac mai dyna arwyddocad y 'ni' drwy'r weddi. Os felly, yna y mae hi yn wir yn weddi heb unrhyw fath o eiriolaeth o'i mewn.

Ar y llaw arall, os edrychir arni fel gweddi i'w gweddïo gan unigolyn, yna y mae arwyddocad y 'ni' yn newid yn llwyr. Yr unigolyn sydd yma, ond yn cario ei gyd-ddisgyblion gydag ef drwy ei weddi. Felly, fel y soniodd Maurice Loader, nid 'dyro i mi heddiw fy mara beunyddiol' ond yn hytrach 'dyro i mi ac eraill sydd gyda mi...'(*Gweddïau yn y Gynulleidfa,* 1978, t.9). Y mae'n eiriol dros eraill ym mhob deisyfiad wedyn, fel rhyw eiriol cynnil diymhongar.

Dyna paham y byddaf yn meddwl amdani fel gweddi a ddysgwyd i'w hadrodd gan bob disgybl ar ei ben ei hun. Ond ei fod yntau drwy'r weddi yn gwybod ei fod yn rhan o gorff y cwmni cyfan. Ac felly y mae'n addas i ninnau ei hadrodd gyda'n gilydd. Pob unigolyn, pob aelod unigol o'r gynulleidfa yn llefaru'r geiriau fel unigolyn, ond ym mhob cymal, ymhob 'ni' sy'n y weddi, yn cydnabod ei fod yn gweddïo dros y cwmni cyfan. Felly y mae hi'n weddi sy'n eiriolaeth drwyddi i gyd.

Eiriolaeth

Wedi imi gyfeirio'n feirniadol braidd at y modd y byddwn yn gorlwytho'n gweddïau cyhoeddus ag eiriolaeth, rhaid cloi gyda gair neu ddau pellach am hyn. Braint aruthrol yw cael gweddïo ar ran rhywun arall. A chyfrifoldeb arswydus yw bod wedi methu gwneud hynny.

> Bydd y gymdeithas Gristnogol yn byw ac yn bodoli drwy eiriolaeth ei haelodau dros ei gilydd, neu fe fydd hi'n syrthio. Y mae'r hwn sy'n esgeuluso gwasnaethu ei gymydog drwy weddïo ar ei ran yn gwrthod cynnig gwasanaeth Cristnogol iddo (Dietrich Bonhoeffer, *Life Together,* 1954, t.45).

Prawf ein didwylledd mewn eiriolaeth yw pan fyddwn yn medru oedi ar ganol prysurdeb diwrnod er mwyn cyflwyno rhywun i ofal Duw. Pan fyddwn yn teimlo gymaint dros drueiniaid byd nes inni gael ein gorfodi gan dosturi i'w cyflwyno mewn saeth weddi ddirgel gerbron Duw, bryd hynny y bydd cyfiawnhad llwyr inni, pan ddaw'r Sul, i'w crybwyll mewn gweddi gyhoeddus. Onide, meddyliau cyhoeddus yw'n lleferydd yn y gynulleidfa, ac nid gweddiau.

Pynciau Trafod

1. Beth, yn eich tyb chi, yw'r ffordd orau i arbrofi ym maes y weddi gyhoeddus?

2. Trafodwch beryglon a manteision y weddi gyhoeddus o'r frest.

3. Pa mor angenrheidiol yw cadw at reolau wrth weddïo yn gyhoeddus?

4. Ystyriwch le distawrwydd mewn addoliad cyhoeddus.

Pennod 6
Y Weddi Ddirgel
John P Treharne

'Mae gweddi erioed wedi bod yn nodwedd elfennol o saint Duw ym mhob cenhedlaeth. Roedd George Whitefield, a fyddai'n noswylio'n brydlon am ddeg o'r gloch bob nos, yn codi yr un mor brydlon am bedwar o'r gloch y bore er mwyn gweddïo', David Watson, *Discipleship.*

'Dywedodd John Wesley "Nid yw Duw yn gwneud dim ond mewn ateb i weddi". Dywedodd Martin Luther, "Os na lwyddaf i dreulio dwy awr mewn gweddi bob bore, mae'r diafol yn cael y fuddudoliaeth trwy'r dydd. Mae gennyf gymaint o fusnes na allaf ei gyflawni heb dair awr bob dydd mewn gweddi."'

'Y mae esgeuluso'r weddi ddirgel yn brawf o galon wedi blino ar Dduw.' Ann Griffiths

'Os na fydd gennym awydd i weddïo, dylem weddïo am awydd i weddïo', Robert Jones Llanllyfni, *Gemau Diwinyddol*

Ydw i'n credu mewn gweddi?

Ar ôl darllen dyfyniadau fel hyn mae rhywun yn dechrau amau p'un ai ydy e'n credu mewn gweddi mewn gwirionedd. Yr oedd y saint hyn yn byw ar weddi, yn llythrennol yn dibynnu'n llwyr ar nerth Duw. Mor aml mae gweddi fel ryw ddarn o ddodrefn yn yr ystafell orau nad ydym yn ei ddefnyddio o hyd ac yn sicr heb fod yn gwbl ddibynnol arno. Wedi dweud hynny, mae pob Cristion yn credu mewn gweddi, ac efallai mai'r cwestiwn sydd yn codi yw: Ydw i'n gwneud y defnydd gorau o weddi yn fy mywyd? Gallem feddwl am weddi fel bwyd. Os na ddefnyddiwn y bwyd sydd gennym gartref fe fydd yn llwydo. Gallwn golli blas ar Dduw ac ar fywyd yn ddigon buan os na wnawn ni ddefnydd o weddi.

Cyflwyniad i weddi

Mae'r mwyafrif llethol ohonom ni yng Nghymru sydd dros ddeg ar hugain oed yn gyfarwydd â gweddi ers cychwyn ein dyddiau. Boed hynny yn bader cyn cysgu, yn weddi ar yr aelwyd fel teulu neu yn yr oedfa a'r Ysgol Sul. Mae pawb ohonom wedi clywed gweddi yn yr ysgol ddyddiol hefyd. Mae hyn yn golygu ein bod yn gyfarwydd â chlywed rhywun yn siarad â Duw. Efallai ein bod ni wedi ei wneud ein hunain. Mae hwn yn gefndir gwerthfawr iawn.

Dydym ni byth yn gwybod pa effaith mae hyn yn ei gael ar blentyn. Mae'n amlwg bod gweddi ynghyd â moddion gras eraill wedi effeithio Howell Harris. 'Mae'n debyg bod ei rieni yn rhodio'n ofalus, a byddent yn mynychu'r gwasanaeth cyhoeddus yn eu heglwys plwyf, gyda'u plant. Y mae gennym reswm hefyd i feddwl nad oeddent yn llwyr esgeuluso dyletswydd pwysig arall - cyfarwyddyd crefyddol yn eu cartref. Profodd argraffiadau dyfnion ar brydiau yn yr oed tyner hwnnw (sef tua saith oed)' (Richard Bennett, *Cofiant Howell Harris*).

Cydio mewn gweddi

Cam ymlaen o hyn yw defnyddio gweddi er mwyn galw ar Dduw yn ddisgwylgar, sef *cyfathrebu o'r galon â Duw*. Yn amal mae hyn yn dechrau mewn argyfwng: gall fod yn argyfwng gwladol, mewn amser o sychder anghyffredin er enghraifft; yn deuluol, (gwn am enghraifft o ferch ifanc a weddïodd dros ei brawd a ruthrwyd i'r ysbyty. Roedd ei chydwybod yn ei chnoi am iddi fod yn gas wrtho; addawodd beidio â bod yn gas fyth eto. Pan gafodd wellhad newidiodd ei hagwedd tuag ato yn llwyr); yn bersonol, dyn ifanc efallai mewn cell carchar ac yntau wedi ei gam-gyhuddo o drosedd. Mae llawer yn tystio iddynt gael ateb i weddïau fel hyn cyn iddynt ddefnyddio gweddi er mwyn edifarhau a ceisio Crist fel Gwaredwr. Datblygiad o hyn yw gweddïo er mwyn ceisio wyneb a ffafr Duw mewn edifeirwch: 'O Dduw, bydd drugarog wrthyf fi, bechadur'. Gellir dweud mai hon yw'r weddi fawr gyntaf sy'n arwain at berthynas achubol â Duw trwy waed Crist.

Cadw 'mlaen mewn gweddi

Os ydym yn gyfaill i rywun mae'n rhaid cynnal y berthynas trwy gyfathrebu â'n gilydd. Mae'n rhaid i'r Cristion gyfathrebu'n gyson â'i Arglwydd trwy weddi: 'Felly, gadewch inni nesáu mewn hyder at orsedd gras, er mwyn derbyn trugaredd a chael gras yn gymorth yn ei bryd'. Mae'r gair 'nesáu' yn rhoi i ni'r darlun o'r offeiriad yn nesáu yn gyson at y drugareddfa gydag aberth. Mae'r Cristion yn nesáu at orsedd y nef trwy aberth Crist. Mae'n parháu i wneud ac mae'n cael gras trwy eiriolaeth Crist yn ôl yr angen a'r gofyn.

Sut a pham mynd ati?

Mathew 6:6 'Ond pan fyddi di'n gweddïo, dos i mewn i'th ystafell, ac wedi cau dy ddrws gweddïa ar dy Dad sydd yn y dirgel, a bydd dy Dad sydd yn gweld yn y dirgel yn dy wobrwyo'.

Sut?
a. *Patrwm sefydlog* '... Pan...'
Mae bwyta bwyd mewn prydau sefydlog yn dda i'r cyfansoddiad. Mae patrwm sefydlog o weddi yn dda i'r enaid. Mae'n cymryd tair wythnos i sefydlu patrwm yn ôl y seicolegwyr
b. *Penodi safle* '... Dos i'th ystafell... '

'Mae angen lle penodol nid y teimlad iawn' (Oswald Chambers). Mae cariadon ifanc yn siwr o ddod o hyd i lecynnau addas i ddotio ar ei gilydd (Onid oes gennym ein Lôn Cariadon ym Mangor fel yng Nghaernarfon!), ac mae'r Cristion yn gorfod gwneud yr un peth er mwyn addoli ei Arglwydd yn ddyddiol.

c. Preifatrwydd sicr '... Ac wedi cau dy ddrws...'
Mae angen lle ac amser tawel. Disgrifiad rai Cristnogion o ddefosiwn dyddiol yw 'amser tawel'. Nid yn unig lle heb sŵn, ond hefyd amser pan mae'r meddwl yn rhydd o faterion prysur y dydd. (Nid yw hynny'n golygu nad oes lle i 'saeth weddi' yn ystod y dydd hefyd.) Hefyd mae angen cydwybod dawel er mwyn i'r meddwl fod yn dawel: 'Felly os wyt yn cyflwyno dy offrwm wrth yr allor, ac yna'n cofio bod gan dy frawd rhywbeth yn dy erbyn, gad dy offrwm yno o flaen dy allor, a dos ymaith; myn gymod yn gyntaf â'th frawd, ac yna tyrd a chyflwyno dy offrwm'.

Pam?
a. Cymdeithas y Tad '... Gweddïa ar dy Dad sydd yn y dirgel...'
Mae angen treulio amser yng nghwmni rywun i'w adnabod yn iawn. Dyma gymhelliad pwysig i weddi ddirgel; yn y dirgel mae'r Tad, ac felly mae'n werth mynd i'r dirgel er mwyn dyfnhau fy adnabyddiaeth ohono ac felly dod yn debycach iddo.

'Cael Duw yn Dad, a Thad yn Noddfa,
Noddfa'n Graig, a'r Graig yn Dŵr
Mwy nis gallaf ei ddymuno
'N ddiogelwch im mewn tân a dŵr'

b. Cymeriad y Tad '... dy Dad sydd yn gweld yn y dirgel...'
Nid postio llythyron i Sion Corn i fyny'r simdde gan obeithio'r gorau yw gweddi. Nid mynd i'r archfarchnad yw gweddi chwaith, gan obeithio bydd pob dim sydd ar y rhestr i'w gael. Yn hytrach, mae'n debycach i blentyn yn dod at ei dad oherwydd bod ei droed

wedi brifo, neu oherwydd rhyw broblem yn yr ysgol. Mae'n arllwys ei galon ar lin ei dad gan ddisgwyl cydymdeimlad ac atebion ffafrïol a chysurlon, hyd yn oed os nad yw'r broblem ei hun yn diflannu yn syth. Mae'n disgwyl y sicrwydd y daw ei dad i'r ysgol i esbonio poen y plentyn wrth yr athrawon.

c. Caredigrwydd y Tad '... a bydd dy Dad ... yn dy wobrwyo'
Mae'r addewid o wobr yn cael ei roi i ni. Mae ei ateb yn siwr o ddod! Nid yr ateb yr oeddem yn ei ddisgwyl o bosibl, nid yn y ffordd yr oeddem yn ei ddisgwyl ychwaith, ond mae'n siwr o ddod. Mae'n siwr o oleuo ein ffordd a thawelu ein calonnau ofnus. Down i ddeall yn well ei ffyrdd, a down i brofi mwy a mwy o helaethrwydd ei haelioni, ei drugaredd a'i ras.

Beth i'w ddweud?

Gellid nodi pump elfen i weddi sydd i'w gweld yng Ngweddi'r Arglwydd:

a. Mawl a diolch
'Ein Tad yr hwn wyt yn y nefoedd, sancteiddier dy enw'.
Yn bersonol rwy'n cael mawl a diolch yn haws ar ôl i mi ddarllen yr Ysgrythur a myfyrio ar ryw wirionedd neu nodwedd o'r Arglwydd. Gall defnyddio salmau neu emynau fod o help. Bydd rhai yn defnyddio canllawiau defosiynol.

b. Eiriolaeth
'Deled dy deyrnas, gwneler dy ewyllys, ar y ddaear megis yn y nef'
Nid oes gweddi well y gallwn ei gweddïo dros unrhyw sefyllfa yn y byd, dros rywun arall neu ein hunain na bod Duw yn ein meddiannu, a'n bod yn darganfod ac yn plygu i'w ewyllys.

c. Ceisiadau personol
'Dyro i ni heddiw ein bara beunyddiol'
Y peth gwaethaf gallwn ei wneud pan fydd materion yn pwyso arnom, yw peidio â'u cyflwyno wrth draed yr Iesu. Cawn

gyflwyno dymuniad ac yna plygu i'w ewyllys. Cawn y patrwm hwn yng ngweddi Crist yn yr ardd.

ch. Edifeirwch a maddeuant
'A maddau i ni ein dyledion fel y maddeuwn ninnau i'n dyledwyr' Rhaid dod â phob pechod i'r wyneb gerbron y Tad, a phob anhawster ynglŷn â maddau i eraill hefyd. Rhaid ceisio cymod ag eraill yn ogystal â chymod a Duw!

d. Ymgyflwyniad llwyr i Dduw
'Ac nac arwain ni i brofedigaeth, eithr gwared ni rhag drwg. Canys eiddot Ti yw y deyrnas a'r nerth a'r gogoniant yn oes oesoedd. Amen'
Fe ddaw'r cysur a'r fendith ryfeddaf i ni wrth wrth gyflwyno popeth yn ein bywyd i'r Arglwydd, wrth gyflwyno popeth i'w ddwylo Ef yr ydym yn fwriadol yn ymddiried yn ei ragluniaeth.

Pynciau Trafod

1. Pa batrymau sefydlog sy'n gweddu orau i chi?

2. A oes gennych safle penodol lle byddwch yn gweddïo? Trafodwch werth cael safle o'r fath.

3. A fyddwch yn defnyddio canllawiau ar gyfer defosiwn, ac os byddwch, pa rai sydd fwyaf gwerthfawr?

4. A oes modd i'r sawl â chanddo gydwybod euog weddïo'n effeithiol?

Pennod 7
Y Gelfyddyd o Weddïo
Elfed ap Nefydd Roberts

Perthynas rhwng eneidiau dynol a Duw yw crefydd yn ei hanfod; yr ymwybod a'r dwyfol yn cyffwrdd â'n bywyd a'n profiad. Ond y mae diffinio crefydd fel perthynas yn golygu hefyd ei bod yn weithgaredd - yn broses barhaus o gyfathrebu a chyd-ddeall, o siarad a gwrando, o rannu problemau a chyfrinachau, o fwynhau cwmni ac o dyfu mewn adnabyddiaeth. Y mae pob perthynas - perthynas rhwng cyfeillion, rhwng gŵr a gwraig, a rhwng enaid unigol a Duw - yn gyfathrach fyw y mae'n rhaid ei meithrin a'i datblygu. Nid mater o dderbyn cyfundrefn athrawiaethol a moesegol statig yw crefydd fyw, ond gweithgaredd ysbrydol greadigol a chynhyrfus: yr enaid yn ymestyn tuag at Dduw, yn dyheu amdano, yn ymateb i'w ddynesiad, yn ymhyfrydu ynddo, yn ei garu, ei addoli a'i fwynhau. A'r enw a roddir ar y gweithgaredd eneidiol hwn yw *gweddi*.

Mewn gweddi y daw bodolaeth a phresenoldeb Duw yn real inni, y profwn ei gariad a'i ras yn lapio amdanom, y canfyddwn nerth ac ysbrydiaeth i ddyfalbarhau yn ein ffydd a'n bywyd Cristnogol, ac y gwnawn ddarganfyddiadau ysbrydol personol wrth inni ddysgu meithrin yr ymwybyddiaeth o agosrwydd Duw, ymddiried ynddo, gwrando arno, rhannu yn ei fywyd a dod i ddeall yn well ei fwriadau ar ein cyfer. Nodwedd ganolog gwir grefydd yw'r arfer a'r profiad o weddïo a rhaid rhoi'r flaenoriaeth i feithrin gweddi a'r bywyd ysbrydol. Os oedd Iesu, yn ystod ei weinidogaeth, yn teimlo'r angen am berthynas agos a chyson a'i Dad nefol, yn sicr y mae angen i ni feithrin y ddisgyblaeth o weddïo'n gyson.

Ysgol gweddi
Y cam cyntaf yw sylweddoli fod gweddïo'n gelfyddyd i'w dysgu.

Nid yw drws gweddi'n agor yn rhwydd. Cais un o ddisgyblion cyntaf Iesu oedd 'Arglwydd, dysg i ni weddïo' (Luc 11:1). A rhaid i ninnau gydnabod bod angen ein dysgu a bod dysgu gweddïo yn broses sy'n parhau trwy gydol ein hoes. Nid oes neb yn dod i wybod popeth am weddi.

Teitl llyfr Olive Wyon ar weddi yw *School of Prayer,* a theitl cyffelyb sydd i gyfrol Anthony Bloom, *School for Prayer.* Parháu i hyfforddi ein heneidiau a wnawn yn ysgol gweddi a gwneud darganfyddiadau newydd trwy gydol ein pererindod.

Ac eto, mor amharod yr ydym i gydnabod yr angen am hyfforddiant ysbrydol. Y mae'n arwyddocaol mai ychydig iawn o le a roddir i astudiaeth o weddi o fewn ein colegau diwinyddol Protestannaidd, yn wahanol iawn i rai colegau Pabyddol lle rhoddir blaenoriaeth i hyfforddiant mewn ysbrydoledd o flaen hyfforddiant academaidd. Fel Protestaniaid cymerwn yn ganiataol bod pawb yn cydnabod pwysigrwydd gweddi a phawb yn gwybod sut i weddïo, sy'n rhagdybiaeth gyfeiliornus a pheryglus.

Er bod llawer i'w ddysgu o lyfrau, o esiampl a phrofiad saint yr oesau ac o waddol y traddodiad Cristnogol ysbrydol, rhaid addasu'r hyn a ddysgwn i'n hanghenion a'n hamgylchiadau a'n personoliaethau ni ein hunain. Nid yr un patrwm, na'r un ddisgyblaeth, na'r un dull o weddïo, sy'n gweddu i bawb. Nid yr un yw sefyllfaoedd na chyrhaeddiadau na dymuniadau holl saint Duw. Nid yw'r gŵr priod sy'n byw bywyd llawn a phrysur yn datblygu'r un math o fywyd ysbrydol â'r mynach yn nhawelwch ac unigedd ei gell. Yn y fenter ysbrydol rhaid i bob un weithio allan ei iachawdwriaeth ei hun. Medrwn ddysgu llawer oddi wrth feistri ysbrydol y gorffennol ac oddi wrth wahanol arferion a thraddodiadau. Y mae ganddynt i gyd eu cyfraniad i'w wneud i gyfoeth y gwaddol ysbrydol Cristnogol. Medrwn arbrofi â gwahanol batrymau o ddefosiwn a dysgu sut i ddisgyblu'n hamser, sut i oresgyn ein diffygion a'n gwendidau, a sut i gyfeirio'r cyfan i'n melin ein hunain, a chanfod patrwm sy'n ystyrlon a pherthnasol i'n hamgylchiadau a'n hanghenion. Ond byddwn yn dychwelyd yn barhaus at yr Arglwydd Iesu ac yn deisyf, 'Arglwydd, dysg i ni weddïo.'

Gellir meddwl am y profiad o weddïo fel troell *(spiral),* sef nifer o gylchoedd o fewn ei gilydd wedi eu cysylltu a'u gilydd. Y mae cylchoedd allanol y droell yn cynrychioli mathau o weddi ffurfiol, defodol, heb fawr o angerdd ysbrydol nac o ymdeimlad o agosrwydd Duw. Y mae'r cylchoedd sy'n symud tua'r canol yn cynrychioli dyhead real am Dduw ac ymgais wironeddol i ymddisgyblu ac i dyfu yn y bywyd ysbrydol. Y mae canol y droell yn cynrychioli'r ymwybyddiaeth ddofn o Dduw, y canol llonydd, lle mae'r enaid yn gorffwys yn dawel ac yn felus yn y presenoldeb dwyfol, neu yn gorfoleddu ac yn moli dan bwys angerdd y profiad o fod gyda Duw ac yn Nuw.

Pwynt y gyffelybiaeth yw fod pob un ohonom rhywle ar gylchoedd y droell, naill ai'n symud tua'r canol wrth inni dyfu a datblygu yn ein bywyd ysbrydol, neu'n symud tuag allan wrth i'n bywyd ysbrydol wanhau, wrth inni esgeuluso gweddïo a phellhau oddi wrth Dduw. Nid oes yr un ohonom yn aros yn ein hunfan. Yr ydym naill ai'n symud o'r cylchoedd allanol yn nes i'r canol, neu'n symud o'r canol allan i'r ymylon. Neu os ydym wedi rhoi'r gorau i weddïo'n llwyr, yr ydym wedi camu allan o gylchoedd y droell. Y mae symudiad yr enaid yn ôl ac ymlaen, tuag i mewn a thuag allan, yn arwyddo ein bod yn dysgu, yn tyfu ac yn aeddfedu yn y bywyd ysbrydol, neu ein bod yn esgeuluso, yn ymbellhau ac yn dirywio'n ysbrydol.

Bellarmin, awdur Pabyddol o'r unfed ganrif ar bymtheg, a ddywedodd, 'Y mae'r corff yn byw wrth anadlu a'r enaid yn byw wrth weddïo. Os yw peidio anadlu yn arwydd o farwolaeth, onid yw'n dilyn fod yn rhaid ystyried y rhai nad ydynt yn gweddïo yn farw i Dduw?' Y mae meddwl am weddi fel anadl yr enaid yn ein hatgoffa ei bod yn weithgaredd dwyfol a dynol. Duw sy'n rhoi i ni anadl einioes, ond y mae'r weithred o anadlu yn ymdrech gorfforol, ddynol. Yn yr un modd, y mae gweddl yn rhodd oddi wrth Dduw, ond os yw'r rhodd i fod yn effeithiol, rhaid wrth ymroddiad a disgyblaeth dynol i'w defnyddio a'i datblygu.

Diffiniad

Y mae ei natur ddwyfol/ddynol yn gofyn am ddiffiniad mwy manwl o'r hyn yw gweddi yn ei hanfod. Y peth cyntaf i'w ddweud yw fod gweddl yn *ddyhead*. 'Fel y dyhea ewig am ddyfroedd rhedegog, felly y dyhea fy enaid amdanat ti, o Dduw. Y mae fy enaid yn sychedu am Dduw, am y Duw byw' (Salm 42:1-2). Gwyddai'r Salmydd fod y dyhead a gorddai yn ei enaid yn ddyhead am Dduw. Os nad yw'r dyn modern yn adnabod yr anniddigrwydd poenus sy'n ei flino fel syched am Dduw, gŵyr fod ynddo awydd i dreiddio'n ddyfnach i ddirgelwch ei fodolaeth, i ganfod profiadau uwch na'i ymwneud beunyddiol a phethau materol dros-dro, i ymwybod â realrwydd y tu draw a thu hwnt i ffiniau'r cyffredin a'r tymhorol. Adnabu Awstin Sant ei anesmwythyd mewnol ei hun fel dyhead am darddiad a diben ei fywyd, sef Duw. 'Yr ydwyt yn ein deffro ni i ymhyfrydu yn dy foliant, oblegid ti a'n creaist ni i ti dy hun, ac anniddig yw ein calon hyd oni orffwyso ynot ti.

Crewyd dyn ar lun a delw Duw. Y mae yn ei hanfod yn fod ysbrydol, ac er i'w bechod a'i wrthryfel ddifwyno'r ddelw ddwyfol, o'r olion ohoni sy'n aros fe gwyd dyhead am ddimensiwn ysbrydol uwch a hiraeth am darddiad a diben ei fodolaeth. Fe all mai argyfwng personol a ddaw a'r dyhead i'r wyneb - afiechyd, damwain, profedigaeth, siom. Chwedl

Moelwyn, 'Fe all mai drygau'r byd a wna i'm henaid geisio r doniau da.' O'r argyfwng y tardd y dymuniad am ganfod ystyr a chymorth a ddiddanwch.

Y dyhead cynhenid am Dduw ac am brofiad ohono oedd man cychwyn Paul yn Athen pan bregethodd ar y geiriau, 'i'r Duw nid adwaenir'. I Paul yr oedd y geiriau hyn, wedi eu cerfio ar allor ymysg yr holl allorau eraill ar yr Areopagus, yn cynrychioli'r dyhead cynhenid hwn. Ac o'r dyhead y deillia awydd ac ymgais dyn i weddïo. Meddai'r bardd Saesneg, *'Prayer is the soul's sincere desire, uttered or unexpressed.*

Yn ail, *gweddi yw ymateb yr enaid i ddatguddiad Duw ohono'i hun.* Y mae gweddi Gristnogol yn symud i lefel uwch na dyhead am y dirgelwch dwyfol. Y mae Duw yn diwallu'r dyhead yn ei ddatguddiad ohono'i hun yn Iesu Grist, a gweddi yw ymateb llawen yr enaid i'r Duw sy'n agosau ato ac yn datguddio'i hun iddo. 'Ceisiwch yr Arglwydd tra gellir ei gael, galwch arno tra bydd yn agos' (Es. 55:6). Y mae' r Duw sy'n ein gwahodd i'w geisio eisoes wedi agosáu atom ac ar gael inni.

Yn hyn o beth y mae gweddi Gristnogol yn sylfaenol wahanol i weddi o fewn traddodiadau crefyddol eraill sy'n meddwl am Dduw fel bod pell, cwbl arall, na all bodau meidrol ymgyrraedd ato ond trwy ddisgyblaeth ysbrydol ddwys. Iddynt hwy, amcan gweddi, ympryd a defodau crefyddol yw galluogi'r enaid i godi o afael y byd materol hwn a'i bethau ac ymgyrraedd at lefel ysbrydol uwch ac at y Duw pell, dieithr, sanctaidd hwn.

Y mae pwyslais y Beibl yn gwbl wahanol. Pan yw awdur Deuteronomium yn holi ymhle y mae canfod Duw a dod i ddeall ei feddwl, dywed nad oes angen i neb fynd i fyny i'r nefoedd na chroesi'r môr i'w gyrchu. Yn hytrach, 'Y mae'n agos iawn atat;

y mae yn dy enau ac yn dy galon, er mwyn iti ei wneud' (Deut.30:14). Nid taith ysbrydol ddyrys i chwilio am Dduw yw gweddi. Nid oes angen teithio ymhell na dringo'n uchel i'w ganfod. Y mae Duw eisoes wedi cymryd y cam cyntaf, wedi datguddio'i hun yn Iesu Grist ac wedi dod i drigo yn ein plith yn ei Ysbryd Glân. Nid oes angen i ni ond ymagor i'w bresenoldeb.

Camgymeriad llawer wrth geisio gweddïo yw dechrau â'r rhagdybiaeth fod rhaid ymdrechu'n galed i chwilio am Dduw ac i godi eu hunain i'w wyddfod. Ond dechrau gweddi yw dwyn i gof fod Duw yn rhoi ei hun i ni, ymdawelu, ymagor i'w bresenoldeb, ac ymdeimlo â'i agosrwydd. *'Nearer is he than breathing, closer than hands or feet,'* meddai Tennyson. Rhaid i weddi ddechrau, nid â geiriau, ond â distawrwydd disgwylgar sy'n ein galluogi i ymwybod â'r presenoldeb sy'n nes atom na'n hanadl ein hunain.

Yn drydydd, *gweddi yw cymundeb yr enaid â Duw*. O'r dyhead daw ymateb i'r Duw sy'n datguddio'i hun, ac y mae'r ymateb yn arwain at berthynas agos a chymundeb dwfn â Duw. Rhaid osgoi'r perygl o ddod at Dduw yn unig er mwyn cael rhywbeth ganddo er ein lles ein hunain, yn hytrach na cheisio Duw er ei fwyn ei hun. Y mae lle mewn gweddi i ofyn ac i geisio, ond yn gyntaf rhaid ceisio Duw ei hun ac ildio i'w deyrnasiad ar ein bywyd. 'Ceisiwch yn gyntaf deyrnas Dduw a'i gyfiawnder ef, a rhoir y pethau hyn i gyd yn ychwaneg i chwi' (Math.6:33). Yn yr un modd, rhaid osgoi'r duedd i feddwl mai amcan gweddi yw ein gwneud yn well pobl. Nid ydym yn gweddïo yn bennaf er mwyn unrhyw lesâd i ni ein hunain, neu er mwyn byw yn well. Yn hytrach, dylem geisio byw yn well er mwyn gweddïo'n well.

Prif amcan gweddi yw meithrin cymundeb â Duw. Y mae popeth y mae Duw yn ei roi yn eilradd i'w rodd ohono'i hun. Nid gofyn am bethau, a disgwyl iddynt ymddangos yn wyrthiol a diymdrech yw gweddïo, ond rhodio yng nghwmni Duw, mwynhau bod yn ei gwmni a thyfu i'w adnabod yn well. Dywed Awstin Sant, 'Dyro imi dy ganfod di dy hun, oherwydd hebot ti, er iti roi imi bopeth a greaist erioed, ni fodlonir fy nghalon. 'A gweddïodd Thomas a Kempis yn yr un modd: 'Y mae unrhyw beth a roddi imi, ar wahân i ti dy hun, yn rhy fach ac annigonol.' Y mae gweddi yn ei hanfod mor syml ac eto mor rhyfeddol â chyfeillgarwch - yr enaid dynol yn dyheu am Dduw, yn ei ganfod yn agos yn nyfnder y galon, ac o ymateb iddo, yn tyfu yn y profiad o gymundeb ag ef ac o adnabyddiaeth lawnach ohono.

Datblygu'r rhodd

Rhodd Duw yw gweddi, ond rhodd i'w defnyddio a'i datblygu. Meddal Thomas a Kempis eto, 'Ti a'm dihunaist yn gyntaf, er mwyn imi dy geisio.' Gwaith Duw ydyw yn ei hanfod, nid gwaith dyn. Ond y mae i weddi hefyd ei hochr ddynol. Nid yw gweddïo'n ddawn a dderbyniwn heb ei cheisio, ei hymarfer a'i meithrin. Gwelwn yn hanes gweddïwyr a saint mawr y gorffennol iddynt ddatblygu eu bywyd ysbrydol trwy ddisgyblaeth, trwy ymarferion defosiynol a thrwy weithio allan yn ofalus y patrwm mwyaf addas i'w bywyd a'u hamgylchiadau eu hunain. Dyna pam y bu i lawer ohonynt geisio unigedd i weddïo, yn y mynyddoedd, y diffeithwch, mewn celloedd unig a mynachlogydd diarffordd. Rhaid cadw'r ddwy elfen, y datguddiad dwyfol a'r ddisgyblaeth ddynol, mewn cydbwysedd. O amgylch y ddwy elfen hyn a'r berthynas rhyngddynt y mae hanes a datblygiad ysbrydoledd Gristnogol yn troi.

A chydnabod bod gweddi yn deillio o gymhelliad dwyfol yn yr enaid, beth sydd i'w ddweud am y ddisgyblaeth ddynol sy'n ymateb i gymhelliad Duw? A ddylem gynllunio patrwm addas o ddefosiwn i ni'n hunain, neu a ddylem ddibynnu'n llwyr ar ysgogiad ac arweiniad yr Ysbryd Glân? Disgwylir i'r offeiriad Anglicanaidd adrodd y gwasanaethau boreol a hwyrol bob dydd ac i'r offeiriad Pabyddol ddarllen ei brefiari, ond y mae'r traddodiad Anghydffurfiol wedi sefyll yn gadarn o blaid rhyddid mewn gweddi - gweddi gyhoeddus a gweddi breifat fel ei gilydd. Ystyrir gweddïo a darllen y Beibl yn ddyletswyddau pwysig ym mywyd y Cristion, ond ni ddarperir canllawiau na deunydd i gynorthwyo pobl i gyflawni'r dyletswyddau hyn.

Er mor bwysig yw gweddi rydd, y mae'n dibynnu i raddau helaeth ar ansawdd a thymheredd profiad ysbrydol y gweddïwr, ac y mae adegau pan yw profiad a bywyd ysbrydol y mwyaf duwiolfrydig yn llosgi'n isel. Yn ychwanegol, y mae perygl i weddi rydd esgeuluso elfennau pwysig mewn gweddi, megis moliant, edifeirwch a myfyrdod. Ond y perygl mwyaf yw i'n bywyd ysbrydol gael ei reoli gan ein teimladau. Y mae gweddi yn fater o ewyllys yn fwy na theimlad. Dylem gyflawni ein dyletswydd tuag at Dduw, beth bynnag yw ein 'teimladau' neu dymheredd ein heneidiau ar y pryd. Y mae'r un peth yn wir am fynychu addoliad ar y Sul. Gallwn fynd i oedfa heb deimlo fawr o awydd mynd a heb fod yn yr ysbryd priodol, ond wedi mynd, yr ydym yn ddiolchgar am yr emynau, y darlleniadau a'r gweddïau sy'n dweud drosom yr hyn na allwn ei ddweud drosom ein hunain. Ar yr adegau hynny nid ydym yn ystyried y ffurfiol a'r gosodedig yn rhwystr ond yn gynorthwy i ddefosiwn. Camgymeriad yw gwrthod pob ffurf a phatrwm. Y mae angen canllaw a chynllun arnom i gynnal ein bywyd ysbrydol, yn enwedig trwy cyfnodau o sychder pan yw gweddïo'n anodd.

Rhodd bywyd
Wrth fynd ati i gynllunio 'Rheol Bywyd', neu batrwm i'n bywyd ysbrydol, rhaid gwneud tri pheth: neilltuo amser penodedig i weddïo, casglu a threfnu deunydd priodol i'n cynorthwyo, a

disgyblu'n hunain i gadw at ein rheol.

Yn gyntaf, *rhaid neilltuo amser penodol bob dydd.* Nid yr un amserau sy'n gweddu i bawb. Y mae rhai yn hoffi rhoi amser i weddi yn gynnar yn y bore, ond i eraill y mae ganol dydd neu gyda'r nos yn fwy hwylus. Y mae llawer i'w ddweud dros neilltuo ugain munud i hanner awr yn y bore a chyfnod tebyg ar derfyn dydd. Gellid defnyddio un cyfnod i ddarllen a myfyrio ar ran o'r ysgrythur ac i weddïo'n rhydd, (y mae nodiadau *'o Ddydd i Ddydd'* o gymorth i ddarllen y Beibl yn fyfyrgar), a chyfnod arall ar gyfer defosiwn fwy ffurfiol a strwythuredig.

O sefydlu rwtîn sy'n ymarferol ac yn gweddu i'n hamgylchiadau a'n personollaeth, bydd dau beth yn dilyn. Yn gyntaf, po fwyaf y byddwn yn gweddïo, po fwyaf y byddwn yn dymuno gweddïo. Ac yn ail, bydd gweddi yn dechrau gorlifo i weddill ein bywyd a byddwn yn cael ein hunain yn troi at Dduw yn naturiol wrth wneud ein gwaith, wrth yrru'r car, neu wrth ddisgwyl y bws. Daw meddyliau am Dduw yn ôl ac ymlaen yn rhwydd i'r sawl sy'n gweddïo'n gyson a disgybledig. Yr hyn sy'n bwysig yw ein bod yn sefydlu patrwm sy'n addas i ni, heb fod yn rhy uchelgeisiol er mwyn inni fedru cadw at ein patrwm.

Yn ail, *dylem gasglu deunydd addas i'n cynorthwyo.* Y mae o gymorth i bori mewn llyfrau defosiwn a chasgliadau o weddïau o bob traddodiad Cristnogol er mwyn cywain deunydd o drysorfa duwioldeb yr oesau fydd o help i ni i lunio'n defosiwn ein hunain. Y mae digonedd o lyfrau defosiwn a chasgliadau o weddïau y medrwn fanteisio arnynt i gynllunio'n patrwm ein hunain. Yn ddelfrydol, gellid dros amser lunio cyfres o saith o ddyletswyddau beunyddiol, un ar gyfer bob dydd o'r wythnos. Dylai trefn a chynnwys y cynllun fod yn syml ac yn gryno, yn cynnwys detholiad byr o adnodau, dyfyniadau a gweddïau i'n cynorthwyo, ond hefyd yn ddigon ystwyth inni fedru plethu'n gweddïau byrfyfyr ein hunain i mewn i'r patrwm.

Y mae rhai elfennau y dylid eu cynnwys o fewn ein defosiwn.

i) *Ymdawelu a dwyn presenoldeb Duw i gof.*
Rhaid i weddi ddechrau, nid â geiriau ond â distawrwydd. Nid yn unig y mae angen distawrwydd o'n cwmpas ond rhaid hefyd ymdawelu oddi mewn - tawelu'r corff, llonyddu'r meddwl gwibiog, aflonydd, gostegu pob cynnwrf emosiynol, pob dicter a drwgdeimlad, pob ofn a rhagfarn, ac agor a phuro'r dychymyg a'i ganoli'n ddisgwylgar ar Dduw.

Un ffordd o wneud hynny yw cydio mewn adnod o'r Ysgrythur sydd naill ai'n wahoddiad at Dduw neu'n addewid o'i bresenoldeb; er enghraifft, 'Ymlonyddwch, a dysgwchmai myfi sydd Dduw' (Salm 46:10); 'Y mae'r Arglwydd yn agos at bawb sy'n galw arno, at bawb sy'n galw arno mewn gwirionedd' (Salm 145:18); "Galwch arnaf, a dewch i weddïo arnaf, a gwrandawaf arnoch. Fe'm ceisiwch a'm cael; pan chwiliwch â'ch holl galon fe'm cewch", medd yr Arglwydd' (Jer.29:12-13). O droi'r addewidion beiblaidd yn y meddwl a chanoli arnynt, bydd yr ymdeimlad o bresenoldeb ac agosrwydd Duw yn gwawrio arnom.

Ac wrth ddal ein hunain yn dawel a disgwylgar gerbron Duw, dylem ofyn i'r Ysbryd Glân ein harwain a'n cynorthwyo i weddïo. Gellir gwneud hynny â gweddi fer, megis y colect adnabyddus, 'O Dduw, yn gymaint â hebot ti ni allwn dy wasanaethu, yn dy drugaredd caniatâ i'th Lân Ysbryd ym mhob peth gyfarwyddo a llywio ein calonnau.'

Y mae'r cam cyntaf hwn o ymlonyddu, o ddwyn i gof agosrwydd Duw a chaniatáu i'w bresenoldeb wawrio arnom, yn eithriadol bwysig. Cyn dweud dim mewn gweddi, rhaid tiwnio'i mewn i Dduw ac ymdeimlo â'i bresenoldeb yn lapio amdanom, yn ein llenwi a'n meddiannu.

ii). Offrymu moliant i Dduw.
Wedi ymagor i Dduw a sylweddoli ein bod yn ei bresenoldeb sanctaidd, y cam nesaf yw ei addoll. Cyn dwyn ein hanghenion ein hunain a phobl eraill ato, rhaid cyfeirio'n meddwl, ein dychymyg a'n cariad tuag at Dduw mewn rhyfeddod a moliant. Ond nid yw offrymu moliant yn hawdd gan na fedrwn amgyffred mawredd Duw na chanfod geiriau addas i'w glodfori. Ond fel y bydd rhyfeddod ei sancteiddrwydd yn gwawrio arnom, teimlwn reidrwydd i roi ein mawl mewn geiriau.

Unwaith eto, y mae adnodau o'r Ysgrythur yn benthyg eu hunain fel mynegiant o glod. Defnyddiwyd y *Sanctus,* sy'n seiliedig ar foliant y seraffiaid yng ngweledigaeth Eseia (Es.6:3), mewn addoliad Cristnogol ers y ganrif gyntaf: 'Sanctaidd, Sanctaidd, Sanctaidd Arglwydd, Dduw pob gallu a grym; nef a daear sy'n llawn o'th ogoniant. Hosanna yn y goruchaf.' *Y* mae defnyddio'r geiriau hyn yn ein cysylltu â moliant y nefoedd a moliant yr eglwys fyd-eang.

Ac y mae gennym yn ein hemynyddiaeth gyfoeth o ddeunydd moliant y gellir tynnu ohono i'n helpu i leisio clod i Dduw. Yn ychwanegol, ceir nifer o weddiau o foliant mewn gwahanol gasgliadau, fel y weddi drindodaidd hon:

Gogoniant a fo i ti, Dduw ein creawdwr a'n Tad.
Gogoniant a fo i ti, Arglwydd Iesu ein Gwaredwr a'n Harglwydd.
Gogoniant a fo i ti, Ysbryd Sanctaidd ein Diddanydd.
Gogoniant a fo i ti, Dad, Mab ac Ysbryd Glân,
  Un Duw yn oes oesoedd.

Pa eiriau bynnag a ddefnyddiwn, nid oes iaith o'n heiddo ni, na neb arall, all ganmol y gogoniant dwyfol yn deilwng. Ond y mae Duw yn barod i dderbyn a defnyddio pob ymgais ar ein rhan i'w addoli.

iii. Hunanymchwil ac edifeirwch.
Canlyniad uniongyrchol moli Duw yw ymdeimlo â'n hanneilyngdod a'n methiant, ac y mae hyn yn arwain yn naturiol at gyffesu ein pechodau gerbron Duw. Mewn defosiwn bersonol golyga hyn ymchwiliad gonest o'r hunan - o'n meddyliau, ein cymhelllon, ein hagwedd at eraill, yn ogystal â'n geiriau a'n gweithredoedd. Wrth droi goleuni gogoniant Duw ar ein heneidiau, fe welwn gymhlethdod ein natur, ein pechodau dwfn, cuddiedig, yn ogystal â'n diffygion amlwg.

Bydd y rhan hon o'n cyffes, o reidrwydd, yn rhydd ac yn fyrfyfyr. Ond wedi inni agor ein bywyd o flaen Duw a chydnabod ein beiau'n edifeiriol, y mae'n bwysig fod yr argyhoeddiad o faddeuant Duw yn treiddio i eigion ein profiad. Dylem atgoffa'n hunain o addewid Duw o'i drugaredd a'i faddeuant trwy adnod o Ysgrythur, ac yna diolch iddo y medrwn bwyso ar ei addewid. Er enghraifft, 'Os cyffeswn ein pechodau, y mae ef yn ffyddlon ac yn gyfiawn, ac fe faddeua, felly, inni ein pechodau, a'n glanhau o bob anghyfiawnder' (1 Ioan 1:9). I ti, Arglwydd, y bo'r diolch. Amen.

iv. Diolch am ddaioni Duw.
Wedi cyffesu'n pechodau a phwyso ar faddeuant Duw, y cam nesaf yw diolch iddo. Y mae'n briodol dechrau gweddi o ddiolch trwy adrodd Salm gyfarwydd o foliant, megis Salm 100: 'Dewch i mewn i'w byrth â diolch ac i'w gynteddau â mawl. Diolchwch iddo, bendithiwch ei enw. Oherwydd da yw'r Arglwydd; y mae ei gariad hyd byth....' Y mae geiriau oesol y Salmydd yn deffro'r

awydd i ddiolch ynom ni.

'Nid y person sy'n gweddïo llawer yw'r person duwiol, ond yr un sy'n diolch llawer', meddai William Law. Perspectif ar fywyd yw diolchgarwch; medru edrych ar fywyd yn werthfawrogol a gweld y da yn hytrach na' r drwg. Ac wrth roi lle i ddiolchgarwch o fewn ein defosiwn feunyddiol dysgwn edrych yn ar y dydd ac olrhain daioni Duw ar waith yn ei wahanol ddigwyddiadau a phrofiadau. Y mae'n briodol diolch am gynhaliaeth, am gysuron cartref, am gwmni anwyliaid, am iechyd a nerth, am harddwch y byd, am lyfrau da a cherddoriaeth aruchel. Ond dylid cysylltu'n diolch am y rhoddion hyn â diolch am freintiau a bendithion yr Efengyl.

Dylai'r rhan yma o'n defosiwn lifo'n rhydd a naturiol, ond gellid crynhoi'n diolchgarwch personol mewn gweddi fwy ffurfiol. Y mae digon o enghreifftiau o ddeunydd addas i'r diben mewn cyfrolau o weddïau.

v. Eiriolaeth dros eraill.
Eiriolaeth yw dwyn anghenion eraill gerbron Duw a chyfrifoldeb a osodir ar bob Cristion yw eiriol dros y byd, dros yr eglwys, dros bobl mewn angen, dros ein hanwyliald a'n ffrindiau, a phawb y gwyddom amdanynt sydd mewn adfyd. I eiriolaeth fod yn effeithiol, rhaid iddi fod yn benodol, nid yn gyfeiriad cyffredinol at y byd a'i boen.

Dylem gynllunio patrwm o eiriolaeth am wythnos, gan nodi achosion a phobl yr ydym am weddïo drostynt ar wahanol ddyddiau. Rhaid cofio hefyd na fedrwn ysgwyddo'r baich o weddïo dros bawb a phopeth. Y mae'n bwysig sicrhau nad yw'n rhestr eiriolaeth ar gyfer pob dydd mor faith fel na fedrwn weddïo'n ystyrlon dros bob un sydd ar ein rhestr.

Y mae eiriolaeth yn golygu mwy na darllen rhestr o enwau. Y mae'n weithred o *gariad,* o gofleidio'r sawl y gweddïwn drostynt mewn consarn cariadus er mwyn i'n cariad ni fod yn sianel i gariad Duw. Y mae'n weithred o *ddychymyg,* o weld y person sydd yn ein gweddi wedi ei gofleidio gan Dduw, a chariad Duw yn ei gynnal a'i nerthu. Y mae'n weithred o *ymddiriedaeth,* o gyflwyno'r rhai y gweddiwn drostynt i Dduw a medru eu gadael yn ddiogel yn ei ofal. Am fod Duw yn dewis gweithredu trwy weddïau ei bobl, y mae'n heiriolaeth yn fodd i ni gydweithio â Duw a bod yn gyfryngau ei rym achubol yn y byd.

vi. Cyflwyno'n hunan i Dduw.
Y mae'n briodol terfynu ein defosiwn trwy gyflwyno'n hunan a'n hangen i Dduw. Y mae addoliad cyhoeddus yn weithred o offrymu'n bywyd a'n gwaith, a dylai defosiwn bersonol gynnwys yr un elfen o hunangysegriad. Y mae gennym bob hawl i rannu'n problemau a'n gofidiau â Duw, i geisio'i arweiniad mewn penderfyniadau anodd, ac i ofyn am ei gymorth i gyflawni'n gwaith a'n dyletswyddau. Ond yn fwy na dim, dylai'n defosiwn ddod i ffocws mewn gweithred seml o ildio'n hunain i ofal ac ewyllys Duw

> Fy hunan oll i Ti, o Iesu da,
> Er dyfod cwmwl du neu heulwen ha';
> O fore oes, hyd nes i'r cyfnos ddod,
> Rho im y fraint o fyw bob dydd i'th glod.

Y pwynt olaf i'w wneud yw'r pwysigrwydd o ddisgyblu'n hunain i gadw at ein rheol ddefosiwn. Y mae nifer o anawsterau ar lwybr gweddi, ac un o'r mwyaf yw diffyg hunanddisgyblaeth mewn cyfnodau o sychder ysbrydol. Ond y mae problem arall hefyd, sef yr adegau hynny pan yw Duw fel pe bai'n absennol ac wedi cilio oddi wrthym. Gwyddai Pantycelyn am yr ofn o golli gafael ar Dduw: 'Beth yw'r achos bod fy Arglwydd / Hawddgar grasol yn pellhau?' A gwyddai'r saint mwyaf am 'nos dywyll yr enaid' pan fyddai'r ymwybyddiaeth o Dduw yn pylu a'r enaid yn amddifad a thrist. Ond her y 'nos dywyll' oedd i'r gweddïwr ddal ati a dyfalbarhau yn ei weddi a'i fywyd ysbrydol, gan gredu bod toriad gwawr yn dilyn y nos dywyllaf.

Ar adegau pan yw Duw yn ymddangos fel pe bai wedi cilio oddi wrthym, rhaid cofio mai perthynas yw gweddi, perthynas ddofn, ond perthynas na ellir ei gorfodi ar Dduw, mwy nag y gellir ei gorfodi arnom ni.

Rhaid i berthynas wrth ryddid o'r naill ochr fel y llall. Pe baem yn gallu tynnu Duw atom yn gwbl fecanyddol, byddai hynny'n groes i hanfod perthynas. Y mae'n rhydd i roi ei hun, neu i atal ei hun.

Ar yr un pryd y mae ffydd yn datgan fod Duw yn ffyddlon, ac y mae gweddi'n seiliedig ar gred yn ei ffyddlondeb. Yn amlach na pheidio, nid absenoldeb Duw sy'n peri inni deimlo'n ysbrydol amddifad, ond ein teimladau gwamal ni, ein hesgeulustod o'n dyletswydd ysbrydol, a'n tuedd i anghofio Duw a pheidio â gweddïo. Mewn adegau felly rhaid glynu wrth y gred nad yw wedi'n gadael a disgyblu'n hunain i ddal ati i weddïo, ac o ddal ati bydd y cymylau'n clirio, a bydd y profiad o agosrwydd Duw a'n hadnabyddiaeth ohono'n dyfnhau.

Y mae gweddi'n dyfnhau'n cred drwy'n tywys i brofiad personol o Dduw. Y mae cred yn llawer mwy nag ymateb meddyliol, rhesymegol, yn fwy na chydsynio â damcaniaeth haniaethol fod Duw yn bod. Y mae'n cynnwys ymddiriedaeth ynddo, ceisio'i arweiniad, ildio'n bywyd i'w lywodraeth, a thyfu i'w adnabod a'i garu. Man cychwyn adnabyddiaeth yw gweithredu ar y ddamcaniaeth fod Duw yn bod, gweddïo arno ac ymddiried ynddo. Wrth welthredu ar y ddamcaniaeth, y mae'r ddamcaniaeth yn troi yn brofiad a'r profiad yn adnabod.

Ni fedrwn weld na deall y darluniau mewn ffenestri lliw o sefyll oddi allan i eglwys. Rhaid camu i mewn er mwyn eu gweld a deall y stori sydd ynddynt. Yn yr un modd, trwy weithredu ar y dybiaeth fod Duw yn bod, cymryd y cam tuag ato trwy weddïo arno, ac agor ein calonnau ger ei fron, y daw yn Dduw byw, real, yn ein profiad. Ym mhroffwydoliaeth Malachi ceir yr addewid, 'Profwch fi yr awr hon yn hyn, medd yr Arglwydd, onid agoraf i chwi ffenestri y nefoedd a thywallt i chwi fendith' (Mal.3:10). Y mae Duw yn ein gwahodd i'w 'brofi', i'w gymryd o ddifri, i alw arno, ac i fentro'n bywyd arno. Yn fwy na dim arall, y mae gweddi'n ganolog i'r 'profi' hwn.

Gweddi yw man cychwyn ffydd, llwybr y darganfyddiadau ysbrydol, ffynhonnell bendith a nerth, a chyfrwng adnabod. A dyna pam y mae meithrin y gelfyddyd o weddïo mor hanfodol bwysig ym mywyd y Cristion.

Y CYFRANWYR

Brodor o Lanfachraeth, Ynys Môn, yw'r Parchg. John Rice Rowlands ac yn gyn-Brifathro Coleg y Bedyddwyr, Bangor.

Mae'r Dr Gareth Lloyd Jones yn Bennaeth yr Ysgol Ddiwinyddiaeth ac Astudiaethau Crefyddol, Prifysgol Cymru, Bangor, ac yn Ganon-ganghellor yn yr Eglwys Gadeiriol.

Un o Ddyffryn Ardudwy, Meirionnydd, yw'r Dr Owen E. Evans, yn weinidog gyda'r Eglwys Fethodistaidd ac yn Gyfarwyddwr y *Beibl Cymraeg Newydd*.

Gweinidog Pen-dref, Eglwys Annibynnol Bangor, yw'r Parchg. John Gwilym Jones, ac yn ddarlithydd rhan-amser mewn Diwinyddiaeth Fugeiliol yn y Brifysgol.

Brodor o Lanelli yw'r Parchg. John P. Treharne ac er 1986 yn weinidog Caersalem, eglwys y Bedyddwyr, Caernarfon, Calfaria, Penygroes, ac yn fwy diweddar, Ebeneser, Llanllyfni.

Cyn ymsefydlu yn fugail Capel y Groes, Dinbych, yn yr hydref 1997, bu'r Parchg. Elfed ap Nefydd Roberts yn Brifathro'r Coleg Diwinyddol Unedig yn Aberystwyth.

Mae'r Dr D. Densil Morgan yn Warden y Coleg Gwyn, Bangor, ac yn Uwch-Ddarlithydd yn Ysgol Diwinyddiaeth ac Astudiaethau Crefyddol y Brifysgol.